我国留学生在加拿大短期学习经历中英语熟练度变化的研究

崔　丹◎著

哈尔滨工程大学出版社
Harbin Engineering University Press

内容简介

本书通过对 45 名前往加拿大参加短期出国学习项目的中国学生的口语流利度、语法准确度、句法复杂度的分析，探索和发现出国学习对于语言熟练度的影响，以及在出国学习的过程中影响学生的语言能力发展的主要因素，包括文化敏感度、学习动机强度等。

本书的研究结果可帮助广大教师、外语学习者，以及出国学习项目的组织者与决策者深刻地理解出国学习对于学习者语言能力的影响，更好地设置出国学习项目内容，最大限度地帮助学习者获得更多的收获。本书的研究结果不仅有助于准备出国学习的学生及其家长们更加真实、全面地了解中国留学生在海外的学习和生活情况，也有助于广大教育工作者深入思考在外语教学工作中加强学生跨文化意识、跨文化能力的培养的意义。

图书在版编目（CIP）数据

我国留学生在加拿大短期学习经历中英语熟练度变化的研究 / 崔丹著 . — 哈尔滨 ：哈尔滨工程大学出版社，2020.5

ISBN 978-7-5661-2602-3

Ⅰ．①我… Ⅱ．①崔… Ⅲ．①留学生－英语－语言学习－研究－中国 Ⅳ．①H319.3

中国版本图书馆 CIP 数据核字（2020）第 075033 号

选题策划　刘凯元
责任编辑　王俊一　马毓聪
封面设计　李海波

出版发行　哈尔滨工程大学出版社
社　　址　哈尔滨市南岗区南通大街 145 号
邮政编码　150001
发行电话　0451-82519328
传　　真　0451-82519699
经　　销　新华书店
印　　刷　北京中石油彩色印刷有限责任公司
开　　本　787 mm×960 mm　1/16
印　　张　11.25
字　　数　210 千字
版　　次　2020 年 5 月第 1 版
印　　次　2020 年 5 月第 1 次印刷
定　　价　48.00 元
http://www.hrbeupress.com
E-mail：heupress@hrbeu.edu.cn

前　言

当前越来越多的政府和教育机构致力于为第二语言学习者提供出国学习的机会，并将此作为提高学生文化素质和语言能力的重要手段。出国学习通常被认为可以在更广泛的语境内为学习者提供与母语使用者交流的机会，便于学习者在真实的文化背景下应用语言，使学习者在语言熟练度、文化意识及跨文化交流能力等方面都得到快速提升。

本书通过对45名前往加拿大参加短期出国学习项目的中国学生的口语流利度、语法准确度、句法复杂度的分析，探索和发现出国学习对于语言熟练度的影响，以及在出国学习的过程中影响学生的语言能力发展的主要因素，包括文化敏感度、学习动机强度等。

数据收集由研究者在加拿大的纽宾士域大学进行，采用了访谈法、图片排序法和问卷调查法。数据分析主要针对口语流利度、语法准确度和句法复杂度的变化。在研究方法上采用定量分析和定性分析相结合的办法，注重观察研究对象在国外的学习过程和语言学习环境中如何自我定位。

本书研究结果表明：出国学习使学习者能够较快地提高口语流利度，但对语法准确度、句法复杂度并没有必然的正相关影响。导致此结果的主要原因是有限的英语课堂教学时间、学习者的自身水平、学习者的学习能力等。此外，具有较高文化敏感度的学习者在短期出国学习项目中语言能力的提升幅度更大。国外的语言学习环境比出国前的语言学习环境更加具有传导性，使得学习者与英语有了更广泛的接触，使以交流为主的学习方式成为主流。

　　根据本书研究结果，建议出国学习项目的管理者和教师们不要武断地认为只要出国学习，学习者就一定会得到期待的学习效果。同时，本书研究结果也指出，具有较高文化敏感度的学生们在国外学习，在语言的习得上会有更大的优势。因此，培养学生的文化敏感度，同样可以提高学生的语言学习效果。

著　者

2019年11月

目录

目录

CONTENTS

第1章 绪　　论

1.1　中国留学生出国学习情况简述

出国学习通常被认为是学生们快速掌握目的语言和文化的最理想方式，似乎学生们经过了在国外的学习后，在语言使用上会更加准确。近年来，越来越多的中国学生到海外攻读硕士学位或博士学位。据统计，2011—2012学年赴美攻读硕士、博士学位的中国学生大约有12.8万人，比上一学年增加了30%。有研究表明，学生们在完成出国学习项目后，通常会很快地掌握目的语言，语言使用的准确度提高。

虽然留学生们出国学习的目的各不相同，所参加的出国学习项目各不相同，但是留学生们在出国学习过程中的经历，都在一定程度上为出国学习中的语言学习和文化学习项目的相关研究提供了支撑。出国学习项目已成为语言教育中一个重要的研究内容，而对在国外语言环境中的语言学习的研究则显得更为重要。诚然，我们仍需在研究中国留学历史的发展与中国留学现状的基础上，找到在国外语言环境中有哪些因素影响了中国学生的语言学习收获。

出国学习指一个人去母国以外的国家接受各类教育，时间可以为短期或长期，这些人被称为"留学生"。出国学习的学生人数在过去的几十年里出现了戏剧性的增长。在世界各国，不断增加的交换学生和交换项目成为许多教育工作者和出国项目政策制定者讨论和思考的热门话题。如图1.1所示，从留学人数来看，2009年的留学地点集中在美洲和欧洲两大洲。2010年，美国、英国、加拿大继续领跑留学市场，美国更是以30%的激增人数名列榜首。2011年，美国继续稳当"领头羊"，英国、加拿大紧随其后，形成"三国鼎立"的格局，并且在之后几年这样的热门格局都没有改变。

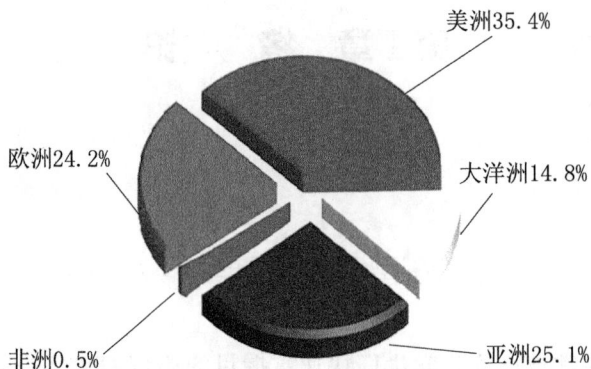

图 1.1　中国在外留学人员各洲分布

1.1.1　中国学生出国学习现状分析

据英国广播公司2011年9月11日报道，全球有270万学生在国外学习，中国留学生人数高居世界首位。伴随着留学大潮，源自原住国与留学国间地理、文化差异的留学生生理、心理适应问题日益凸显。中国留学生选择目的国留学的原因呈现多样性，其中，留学国的"教学、科研质量"以及"学位的认可程度"成为广大中国留学生是否选择某一国家的最重要的原因。如图1.2所示，在2011年，有45%的学生选择美国作为留学首选国家，这一比例大大高于加拿大（28%）、英国（22%）、澳大利亚（11%）和新西兰（9%）。此外，在出国学习目的地"第一选择"排名前五的国家中，母语为英语的国家占了四席。在出国学习目的地"第二选择"中，加拿大、英国受到了中国留学生的广泛青睐。

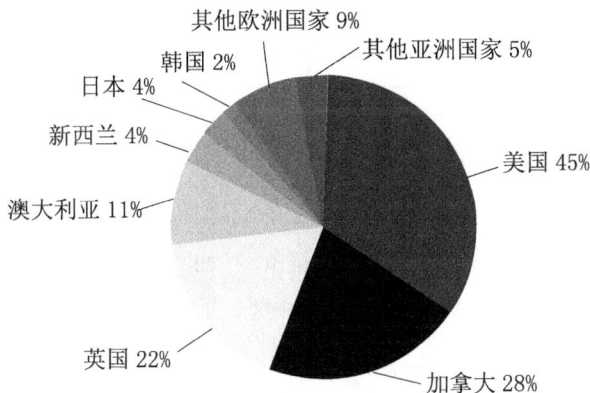

图1.2 中国留学生最青睐的留学意向国家

徐光兴认为，出国前，留学生最担心在"语言""融入国外当地的文化"和"与外国学生的沟通"等方面会遇到困难。对留学生的调查和研究已经成为当今社会学、心理学等诸多相关学科不可规避的重要议题。目前已经有一些学者关注中国留学生的适应问题。贺平、唐洁、徐光兴和陈丽华等研究了中国留学生在英国、日本、澳大利亚的学习生活适应情况和经历的文化冲击。陈慧、车宏生等研究了影响跨文化适应的内部因素和外部因素，将外部因素总结为生活变化、社会支持、旅居时间、文化距离、歧视与偏见等，将内部因素总结为认知评价方式、应对方式、人格、与文化相关的知识与技能等。张立军研究了文化差异对留学生的心理影响及其应对策略。

图1.3为2006—2010年出国学习人数及2007—2010年出国学习人数增长率。根据中国教育部2011年统计数据，1978年以来，中国出国学习人数已达38万，同比增长超过了24%，中国已经成了世界上最大的留学生生源国。根据美国、加拿大、俄罗斯等国家的统计，中国已经成为赴这些国家留学学生的最大生源国。

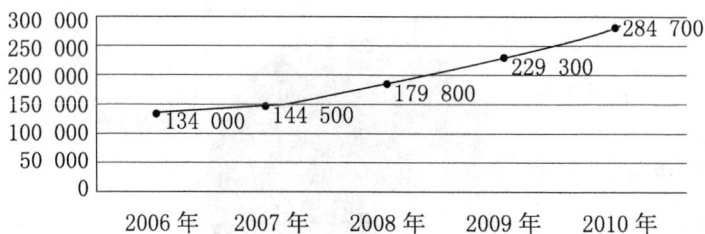

（a）2006—2010 年出国学习人数

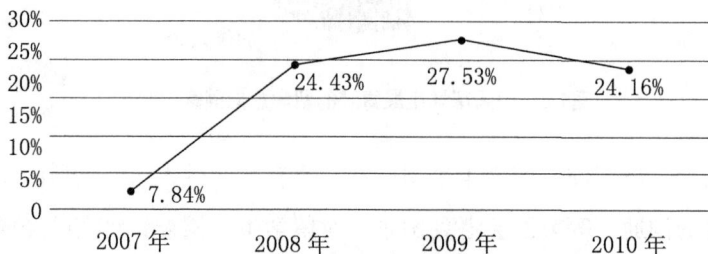

（b）2007-2010 年出国学习人数增长率

图1.3　2006—2010年出国学习人数及2007—2010年出国学习人数增长率统计表

1.1.2　中国学生出国学习阶段性变化

出国学习通常被认为是一种重要的学习语言的方式，而且还可以让人获得国际视野。如果从1847年第一位中国留学生容闳赴美留学算起，中国的留学史已逾百年。在美国接受了良好教育的容闳满怀着教育救国的理想在1854年，也就是他获得学士学位的当年，就启程返回中国。他的梦想是将西方发达的经济文化和最新科技灌输给中国，使中国趋于文明富强之境。1847年至今，中国留学大致经历了八个阶段，见表1.1。

表1.1　中国留学经历的八个阶段（1847年至今）

阶段	时间	内容概述
第一阶段	1847年至1870年	这个阶段出国学习的只是少数人，而且多出自民间，最具有代表性的是容闳、黄宽等随传教士赴美留学，开启了我国留学的先河
第二阶段	1871年至1895年	在容闳的倡导和推动下，120名幼童先后赴美国留学，在中国留学史上具有深远的影响。1877年起，清政府又先后派遣了4批留学生赴欧洲学习。这个阶段的主要目的是学习西方的技艺，代表性人物有詹天佑、伍廷芳等
第三阶段	1896年中日甲午战争至1911年清王朝被推翻	近万名学子为挽救民族危亡，东渡扶桑，留学日本。鲁迅、郭沫若都是当时的留日学生
第四阶段	1912年至1926年	这一阶段出现了几次留学浪潮，先是留学生逐年被派往美国，接着留法勤工俭学以更大的声势出现，在国人心中造成极大震撼。此后的留苏浪潮也盛极一时，其中，有先留日后赴法勤工俭学的周恩来、邓小平，有赴德求学的朱德等
第五阶段	1927年至1948年	这一阶段的留学偏重于理、工、医、农等专业，建立了管理制度，由于内忧外患，战乱频仍，留学教育受到严重影响，留学教育政策缺乏连续性
第六阶段	1949年至1965年	中华人民共和国成立后，留学生不再像以前那样集中于少数几个西方国家，而是分布于东欧的社会主义国家，由国家统一派遣
第七阶段	1966年至1976年	"文化大革命"期间留学教育陷于停滞
第八阶段	1977年至今	随着改革开放政策的实施，在"支持留学，鼓励出国，来去自由"方针的指引下，留学工作取得显著成绩，出现了中国留学史上最大的一次留学浪潮

1.1.3　出国学习的有效性

目前的研究表明，出国学习可以有效地提高学生的语言熟练度。现代首位提出关于语言熟练度的理论的学者为John Carroll。在他的研究中，研究对象确定为在美国大学学习的各种语言专业的一些学生。研究发现，这部分学生在国外学习期间除了要学习语言，还要学习如何提高学习技能。他的发现激励了亟待提高语言能力的学生出国学习。"除非是官方的外语教师，否则没有出国学习经历的人们很难在外语水平上得到很大的提高。"

Carroll的研究中更值得注意的是出国学习的有效性，特别是为什么有出国学习经历的学生会比没有出国学习经历的学生习得的效果更好。但是，不能保证出国学习可以使语言熟练度得到快速的提高。Dekeyser对在国外只有课堂学习经历的学生们进行的口语测试的结果表明，这部分学生的语言熟练度与没有出国学习经历的学生的语言熟练度相比，并没有太多的差异。有一项关于俄罗斯学生出国学习的研究，根据学生的口语流利度将其划分为不同的级别，对一级水平的学生进行测试。在口语流利度的测试中，经过一个学期的出国学习后，80%的学生口语流利度有了较为明显的提高。此外，研究结果还表明，一些没有机会走出国门的学生，在俄罗斯本国完成了一个学期不同程度的外语课程后，口语流利度没有得到显著提高。

Lapkin、Hart和Swain的研究在一群加拿大学生中间展开。在这项研究中，一部分学生被选派参加法国的学习项目，另一部分学生则被留在本国的学校内参加一定数量的法语培训课程。对两组学生进行比较，在法国学习的八年级学生在听力理解上表现出很大的优势，成绩优秀。然而，十二年级的两组学生的语言熟练度并没有明显的不同。值得思考的是，在法国学习的这部分十二年级学生，在个人生活方面和适应新的生活环境和文化方面，都付出了一定的努力，那么究竟是什么因素阻碍了他们像其他同学一样在语言能力上有较大的提高？

1.2　导致出国学习结果产生差异的因素

学者们对于为什么有些学生出国后比起其他学生会取得更多的进步给予了解释说明。Day认为："语言学习的过程由语言环境和学习者的个体因素共同决定，它们同时也决定了语言学习的最终效果。"其他学者也不断地尝试去验证影响学生语言学习效果的因素有哪些。1995年，Miller 和 Ginsberg指出，学生语言学习的信念和动机在他们出国学习过程中起到重要作用，而且不同的学习信念或阻碍或帮助学生英语学习的进步。陈慧认为，影响留学生学习结果的因素既有外部因素，又有内部因素，如图1.4所示。

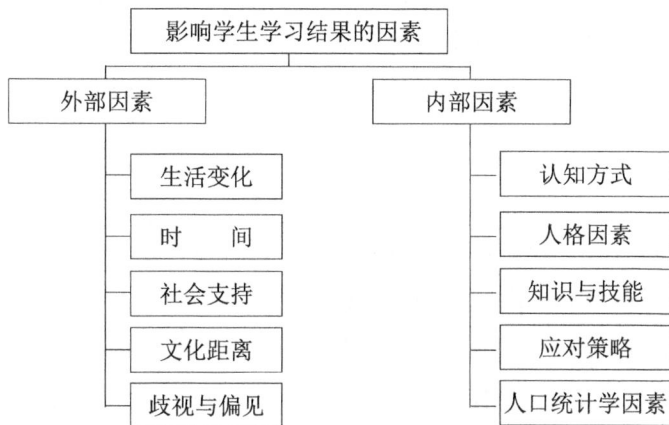

```
                影响学生学习结果的因素
        ┌──────────────────┴──────────────────┐
     外部因素                                内部因素
        ├── 生活变化                           ├── 认知方式
        ├── 时  间                             ├── 人格因素
        ├── 社会支持                           ├── 知识与技能
        ├── 文化距离                           ├── 应对策略
        └── 歧视与偏见                         └── 人口统计学因素
```

图1.4　影响留学生学习结果的因素

1.2.1　交流互动

Brecht 等认为，选择出国学习的学生在出国前语言能力越高，越容易适应留学国当地的生活和文化。学生们在出国学习后，使用目的语言交流的频率和数量不同，其语言的进步程度也不同。导致进步程度不同的原因是最引人注目的问题。Brecht 在批阅一群出国学习的俄罗斯学生的日志时发现，在提高语言熟练度上，最主要的一种教学策略，就是和当地人使用目的语言进行有效的交谈。研究发现，语言成绩原本是预备级的学生们，在一学期的国外学习过程中，有25%的时间在使用目的语言进行交谈，语言成绩晋升到了一级；而语言成绩从一级晋升到二级的学生，在一学期的国外学习过程中，有45%的时间在使用目的语言进行交谈。统计数据还表明，那些语言成绩从一级晋升到二级的学生，在一学期的国外学习过程中，有40%的时间和俄罗斯朋友在一起生活和学习。这些结果强有力地支持了以下观点：在国外学习期间，若要事半功倍地提高语言能力，使用目的语言与母语使用者进行交流是至关重要的。

每一个出国学习的学生都应该期待着寻求和母语使用者进行有效的社会沟通的机会，然而事实并非如此。在Pellegrino的研究中，尽管在项目开始前下定决心多与母语使用者进行交流，但是在执行过程中，参与该项目的76名学生中有三分之二的学生承认，在下课以后并未努力去和母语使用者进行沟通与交流。郑新民认为，今天的大学教学应注重交际能力。如果与母语使用者的交流是如此的至关重要，那我们便很容易理解是什么阻碍了学生语言能力的提高。与母语使用者进行有效的沟通，会对学生语言能力的提高起到巨大的作用。

1.2.2　文化敏感度

Wilkinson认为，在出国学习期间，学生由于文化冲突和文化误解不愿意和母语使用者进行沟通和交流并建立起亲密关系的原因是学生缺乏文化敏感度（cultural sensitivity）。他在研究中跟踪调查了两名选择家庭寄宿方式在法国学习的学生，结果显示他们的经历完全不同。他特别强调了这种经历上的不同与两名学生不同的文化敏感度密切相关。文化敏感度较高的学生更加容易接受新环境，能很快地融入新文化，并与母语使用者使用目的语言进行沟通，进而取得语言能力的快速提高。相反，文化敏感度较低的学生会在自己与当地人之间建立起障碍，会认为"法国人真固执"，这样的想法会导致交流的减少，进而影响语言能力的提高。Wilkinson认为，学生的文化敏感度越高，他/她越容易克服文化的差异，增加使用目的语言和当地人进行交流和沟通的机会，进而提高自己的语言能力。

Twombly的一项研究表明，较低的文化敏感度也曾给在哥斯达黎加学习的北美学生带来了障碍。她发现学生们较低的文化敏感度在学生们与西班牙语使用者交流时起到重要的阻碍作用。她发现学生们很难理解和适应哥斯达黎加的文化形式，很难和哥斯达黎加人成为朋友，而宁愿花费更多的时间与北美学生在一起。在哥斯达黎加，在公共场所男人往往会对女人的容貌给予诗歌般的赞美，而这是北美学生们最难以应对的，一些北美的女学生在街上会戴上耳机来避免尴尬。文化的不同使出国学习的北美学生与哥斯达黎加学生成为朋友变得难上加难。和Wilkinson的结论相似，Twombly认为学生们难以理解当地文化是阻碍学生们和哥斯达黎加人成为朋友的主要因素。这也降低了学生们使用目的语言进行交流的频率，同时也阻碍了其语言能力的提高。

　　Twombly与Wilkinson的结论表明，学生的文化敏感度低会对其与留学国进行文化交流造成阻碍，进而影响其语言学习效果。因此，帮助学生提高文化敏感度也会相应提高学生的语言学习效果。然而，目前仅有一项研究既注重文化态度，又关注学生们的语言能力。Yager通过研究学生们在墨西哥的学习经历，发现学生们对待墨西哥人的态度会直接影响语言能力的提高。Twombly 和Wilkinson的研究也提到文化敏感度低会阻碍交流， 阻碍对语言的学习。但是，他们并没有将学生们的语言能力当作研究的一部分。社会文化学强调学习的途径是在社会和文化的环境中以语言和社会活动为中介将知识构建在学习者的心中。从社会文化学的运用及第二语言学习和课堂教学的许多研究中，我们可以看出社会环境对外语学习者的学习和思维都有着十分重要的影响。

1.2.3　生活方式

　　Day认为，出国学习很重要的一点就是学生能够被留学国的语言和文化所包围，真正地沉浸其中。当然，正如众多有过出国经历的学生的深刻感触，大多数学生会选择与使用本民族语言的人在一起交往或居住。家庭寄宿似乎是最好的住宿方式，可以给出国学习的学生们提供更多的交流机会。然而，并没有较多研究文献验证了家庭寄宿的住宿方式对学生的语言能力提高有直接的帮助。Rivers的研究表明，学生们是否积极发展与寄宿家庭成员之间的关系，是影响学生们语言能力提高的重要因素。如果所在的寄宿家庭支持并理解学生在努力地使用目的语言进行交流，会帮助学生提高语言能力；反之，如果所在的寄宿家庭持不配合态度，对于学生语言能力的提高会起到消极作用。

　　另外，人际交往是留学生们在留学国生活方式的基本影响因素。刘莉莎认为，人际交往能力越强的留学生，往往越容易适应留学国当地的生活和文化。选择出国学习的学生们，在国外的生活中往往会遇到两种不同的人际关系形式。留学生们来到一个完全陌生的环境中，最初时往往喜欢和本民族或是与自己有着相同文化背景的人交往；在日益熟悉当地的生活和文化后，留学生们会逐渐和当地人在接触中建立起一定的人际关系。在不同的交际环境中，影响留学生们的不仅仅是留学国的文化和语言，留学国的生活方式和行为模式也会慢慢植入留学生们的日常生活中。

1.2.4 在国外居住时间

一些学者认为，在国外居住时间也是影响学生们语言和文化学习效果的重要因素。目前出国学习项目数量和参加人数日益增多，但是这些项目大多是短期项目，如暑假项目、寒假项目、短期培训班，等等。已有的研究都将焦点放在短期或一年期的出国学习项目上。这便出现了一个新的问题：如果学生们经过了短期或者一年期的出国学习后，没有获得期待的语言和文化方面的进步，便会对出国学习是否有用产生质疑。那么，完成短期出国学习项目后，学生在语言和文化方面及对目的语言的理解能力上会有多大程度的进步呢？

1976年，Berry指出，留学时间与学生语言方面的进步及对文化的适应成正比例关系。一般而言，随着时间的推移，留学生们慢慢地适应了国外学习和生活的节奏，慢慢地适应了国外的生活环境，语言能力也不断地提高，因此生活也会趋向于规律化、熟悉化、模式化。

1.2.5 学习动机

Gardner和Lambert于1959年提出了学习动机分为"工具型动机"和"融合型动机"的概念后，越来越多的学者开始致力于研究语言学习与学习动机之间的关系。根据Gardner的阐释，"融合型动机"的定义为"学习者个体有了更好地和他人在交往中进行交际的强烈愿望，而产生的动机"。一般而言，学习者对待学习目标的个人态度、对待学习目标的兴趣、对待学习环境的满意程度，以及在生活中是否有强烈的交流的愿望等，都是融合型动机的主要影响因素。Gardner同样指出，"工具型动机"的定义为"学习者为了满足自己的生活交流需要，而产生的学习愿望"。在这种情况下，学习者不受学习环境和交流环境的影响。

1987年，Day根据自己在出国学习项目中的经历与观察得出结论：学生们可能不会得到预期的学习效果，这主要源于"过高或者过低地估计了学生们学习中所需要的学习动机水平"。2003年，Masgoret和Gardner发现，学习动机似乎是众多影响学生语言学习进步的因素中与语言联系最紧密的一个因素。由此可以认为，学习动机在出国学习中对于学生的语言学习会起到重要作用。然而，目前关于学习动机在出国学习中的作用和学习动机与语言学习之间关系的研究甚少。

动机研究在第二语言习得研究及外语教学研究中占有十分重要的地位，而这一研究在我国的外语教学研究中尚属起步阶段。研究大量文献后可以发现，一旦创造了可以促进内在动机尤其是自主性的条件，学习者的成绩会远远优于处在以外在动机为主的环境中的学习者。除此之外，学习者如果只是为了满足外在需求而学习，那么最终会失去内在兴趣。外在动机与内在动机结合在一起，更有助于语言能力的提高。

1.3 研究目的和意义

Allen、Higgins、McNamara和Harris等指出，在出国学习的过程中学生们的经历与学习结果各不相同。目前已有的研究表明，学生们在出国学习后，短时间内语言能力会有一定程度上的进步。但是这些研究少有关注为什么一些学生的学习效果要比另外一些学生的学习效果更好。也就是说，在出国学习的过程中还有一些影响因素值得我们去讨论和探究。因此，本研究的第一个研究目的为探索和发现出国学习对于语言熟练度的影响；本研究的第二个研究目的为探索和发现在出国学习的过程中，影响学生的语言能力发展的主要因素，包括文化敏感度、学习动机强度等。

本研究的最大创新在于，在国内研究中率先从加拿大纽宾士域大学短期出国学习项目这样一个独特的视角来探讨中国留学生的语言熟练度发展的相关问题，并试图找到影响语言能力发展的主要因素，这对为中国留学生语言发展和文化适应课题构建一套完整的理论框架，以及对类似群体的相关研究有着一定的指导意义和借鉴意义。

本研究的意义：本研究探究了短期出国学习项目前后留学生们的个体差异、

语言学习结果差异，以及对于文化的学习和适应结果差异。本研究的研究结果可帮助广大教师、外语学习者，以及出国学习项目的组织者与决策者深刻地理解出国学习对于学者语言能力和文化的影响，更好地设置出国学习项目内容，最大限度地帮助学习者获得更多的收获。本研究的研究结果不仅有助于准备出国学习的学生及其家长们更加真实、全面地了解中国留学生在海外的学习和生活情况，也有助于广大教育工作者深入思考在外语教学工作中加强学生跨文化意识、跨文化能力的培养的意义，这可以帮助学生尽快地融入当地生活，减少学习和语言障碍，在留学中真正做到有所得。

1.4　本书章节结构

本书共包括5章。第1章在分析了我国学生出国学习现状及出国学习的现实意义的基础上，阐述了产生出国学习的学习结果差异的影响因素，并提出了本研究的研究目的和意义。第2章进一步阐述和分析了在过去的几十年里，中外学者关于出国学习的研究情况，构建起本研究的基本研究框架。该章的目的在于探索和总结国内外关于出国学习的研究成果，在既有理论的基础上展开本研究，同时为第3章的研究设计提供理论支持。第3章对研究进行了设计，对本研究研究对象的选择、研究问题、研究方法、数据收集方法和数据分析方法进行了说明和解释。第4章对所收集到相关数据展开了分析，并对相关结果展开了讨论。第5章就短期出国学习项目对学生第二语言习得所产生的影响给出了相关研究结论，指出了本研究的不足和局限性，并对未来研究提出了建议和展望。

第2章 文献综述

2.1 出国学习和语言熟练度发展

在Carroll最早的研究中，测试了2 784名专业为法语、德语、意大利语、俄语或西班牙语的美国大学生在大学毕业时的语言熟练度。Carroll指出：即便是短暂的出国学习，对于学生的语言能力的提高也有作用。从小学就开始学习法语或西班牙语的学生，比起其他学生在语言能力上更具备优势。那些在家里可以使用外语进行交谈的学生语言能力更高。一些语言能力稍低的学生可以通过勤奋学习、实践练习或者出国学习提高语言能力。男女在语言学习上能力均等，大教学机构中的学生比小教学机构中的学生成绩优秀，私立学校的学生较政府公办学校的学生成绩优秀。"出国学习时间是我们所发现的最有说服力的参数……即便是短期的出国旅游，或者国外的短期暑假课程，对于学生的语言能力提高也具有极大的促进作用。很明显，它极大地提高了学生的语言学习能力。"

关于出国学习方面的研究，被引用最多的就是Carroll的作品。在Carroll的作品发表之后，更多的研究结果表明，出国学习对于第二语言的习得会产生巨大的影响。

在目前的研究中，一方面，研究者们忽略了所采取的研究方法的不同，得出普遍结论，认为出国学习对于第二语言的习得有一定的影响；另一方面，没有任何一项研究将出国学习过的学生与没有出国学习过的学生的学习情况进行对比，因此很难断定出国学习对学生学习情况的影响程度。更进一步来看，由于在数据的收集上没有对学生们回国后的学习情况进行跟踪，因此很难推断出国学习是否会给学生们的第二语言习得带来长远的影响。

2.2 关于语言熟练度发展的研究

1990年，语言教学的研究者Freed提出，语言教学的最终目的是发展学生的语言"能力"（proficiency）。他指出语法准确度、口语流利度、句法复杂度是语言熟练度发展的三个维度，三者在语言熟练度的发展过程中密不可分，彼此独立，又相互依靠（图2.1）。出国学习对语言学习起到重要作用，特别是对外语学习或者第二语言熟练度发展意义显著。在国内的很多教学领域都有大量的学者支持外语专业的学生出国深造，在国外语言环境中提高语言能力。出国学习的重要意义在于既可以在国外的语言环境中和当地人进行有效的交流，又可以将自己沉浸在外语环境中，不断进步。随着信息时代的发展，人们越来越重视交际和语言的实际使用效果。

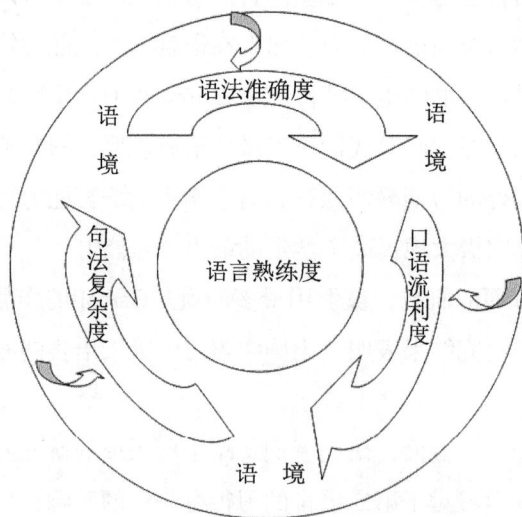

图2.1　语言熟练度发展的三个维度

"proficiency"这个词经常被翻译成"能力"，它表示一个人对某一种能力的熟练程度，所以可以将"language proficiency"理解成"语言熟练度"，即语言使用的熟练程度。外语学习是一个极其具有逻辑性的过程。在参加出国学习项目前进行过语言学习的学生，在阅读和语法学习中要比没有任何语言学习经历的学生更具有经验。因此，这部分学生会具备更多的学习技能和学习技巧，会采取适当的学习策略去获得更多的学习收益。擅长阅读和语法学习对于出国学习的学生来说是一种优势。在他们出国学习时，这些固有知识将会成为最初的交流工具。因此，初到一个新的语言环境中，他们可以通过很好的交流达到学习的目的，而不是在一次次交流中遭到挫折。

2.2.1 基于口语流利度的语言学习研究

第一种考察学习者出国学习前后语言熟练度的方法为测试其出国学习前后的口语流利度。一些研究者在研究中发现，学生们出国学习，哪怕只有短短的6个星期，语言熟练度也会有提高。这个结果在不同程度的学生中都得到了验证。Freed针对一批出国学习的学生进行了研究，根据学生们的实际语言水平将其分成4个小组，每组6~14名学生。研究结果表明：每个小组的学生在口语流利度的测试中成绩都有所提高，平均提高了0.5级；初级水平小组的学生在数据统计上显示为成绩平均提高了1.5级。Guntermann针对9名进驻拉丁美洲的维和志愿者展开跟踪研究，她发现在九个月之后几乎所有成员在口语流利度的测试中成绩都有所提高，平均提高了0.5级，其中两名成员提高了1.5级。Brecht等针对658名在俄罗斯学习俄语的学生展开跟踪研究，该项研究从1984年开始，持续时间长达6年。研究结果表明，70%的学生成绩提高了0.5级，21%的学生成绩提高了1级。Lafford和Ryan的研究在西班牙进行，对进行为期一学期的西班牙语学习的学生展开研究。他们对学生们出国学习项目开始前和出国学习项目结束后的口语流利度的测试结果进行了分析，结果表明所有受测学生的成绩都获得了近60%的提高，有6名学生提高效果更为显著。

Freed进一步总结了Foltz、Gasparo、Magnan、Milleret、O'Connor、Veguez的研究成果，通过对比学生出国前后的口语流利度，发现学生出国学习后口语流利度均得到提高。这与上文提及的四项研究结果相同（表2.1）。

表2.1 出国学习对口语流利度的影响结果

研究者	时间	影响结果
Freed	1990	初级水平小组的学生成绩平均提高1.5级
Guntermann	1992	所有研究对象成绩提高至少0.5级
Brecht等	1993	70%的研究对象成绩至少获得0.5级的提升
Lafford和Ryan	1995	所有研究对象成绩获得近60%的提高

正如表2.2所显示的结果，在国外语言环境中学习，可以提高学习者个体的语言熟练度。Freed认为，由于这些研究都只测试了口语流利度，很难看出学生们是在语言的哪个方面得到了很快的提高。Young也指出，利用口语流利度来衡量学生的语言熟练度具有一定的局限性。首先，测试者可能会"忽略受测试者模块化的语言能力"；其次，测试者"可能会假设在所有熟练度内容中能力的单线条单一性增加"。基于口语流利度的研究小结如图2.2所示。

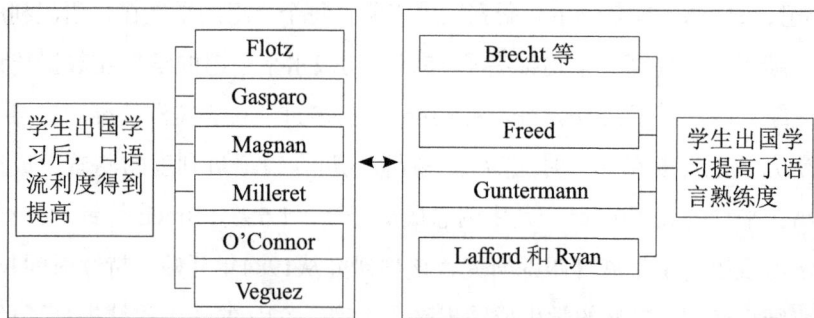

图2.2 基于口语流利度的研究小结

除此之外，关于口语流利度的概念，更多的学者给出了全新的阐述。Brumfit认为，接受和输出是口语流利度的主要组成内容。Sajavaara和Meisel认为，口语流利度不仅仅包含语言技能，社交技能和文化技能同样是口语流利度的重要组成。Lennon指出，使用语言的人与接收语言的人在交流中同样重要。

Schmidt和Skehan认为，意义的流利表达是口语流利度的重要组成部分。

2.2.2 基于语法准确度的语言学习研究

第二种考察学习者出国学习前后语言熟练度的方法为测试其出国学习前后的语法准确度，可以对单一的语法点进行测试。Diller和Market在研究中对14名在德国学习德语的学生学习前和学习后的语言能力进行了语法点测试，结果表明62.2%的学生学习后在语法点测试中成绩有显著的提高。Freed对比了一些学生在大学入学考试前和出国学习项目结束后的语言成绩，结果表明学生们在出国学习项目结束后平均成绩提高了30分，水平最低的学生成绩提高了140分。Spada对48名学生（分成3个班级）在参加为期6周的外语学习项目前和项目结束后的英语语言能力测试成绩进行了比对，每个班级的数据统计结果都显示学生们在七项测试中至少有两项成绩显著提高。

Guntermann、Ryan和Lafford的研究也涉及语法准确度的相关内容，然而这些研究并不以对单一的语法点的测试结果为研究依据，而是以错误分析为出发点。Guntermann主要研究学习者对西班牙语介词por和para的使用，以及学习者在西班牙居住一段时间之后在这些介词的使用上发生的变化。研究结果表明，学习者在国外学习一段时间后，在介词por和para的使用上的准确度得到了全面提高。Ryan和Lafford则将研究重点放在12位西班牙语学习者使用西班牙语系词ser和estar的准确度因其在西班牙语使用国居住而产生的变化上。他们发现，项目结束后，学习者们使用系词ser的准确度并没有发生明显变化。这主要是由于在项目开始前，学习者们对于该系词的使用准确度已经达到90%。而对于系词estar，学习者们的使用准确度则由项目开始前的40%提高到项目结束后的70%。

表2.2为出国学习对语法准确度的影响结果。

表2.2　出国学习对语法准确度的影响结果

研究者	时间	影响结果
Diller和Markert	1983	有62.2%的学生学习后在语法点测试中成绩有显著的提高
Freed	1990	学生们在出国学习项目结束后平均成绩提高了30分
Spada	1986	学生们在七项测试中至少有两项成绩显著提高
Guntermann	1992	所有学习者使用介词por和para的准确度都有所提高
Ryan和Lafford	1992	学习者们对系词estar的使用准确度从40%提高到70%，但是对系词ser的使用准确度没有发生明显变化

　　通过对表2.2进行分析，可以看到出国学习的学习者在语法准确度上都取得了进步。Freed和Spada还发现，这种提高往往与学习者所采取的学习方式和学习者在课堂之外所从事的活动有关。Guntermann也发现，学习者在课堂之外使用目的语言的方式和他们学习目的语言的方式也会影响语法准确度。基于语法准确度的研究小结如图2.3所示。

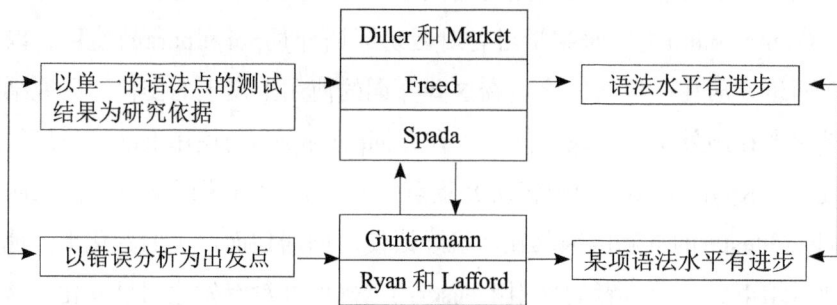

图2.3　基于语法准确度的研究小结

2.2.3　基于句法复杂度的语言学习研究

　　第三种考察学习者出国学习前后语言熟练度的方法为研究其出国学习前后的句法复杂度。采用这种方法的研究主要可以分为两类：只研究句法复杂度的变化，或将口语流利度、语法准确度和句法复杂度结合起来对其变化进行研究。后者避免了Young的测试存在的两个问题：忽略了语言能力的模块化；臆断各种能力是以相同的速度直线上升的。

  Mohle、Raupach的研究以中介语口语流利度的变化为研究对象，在第二语言为英语、法语、德语的学习者们的学习过程中，收集到大量第一手数据，来研究成年人的语言熟练度变化过程。在最初的研究中，Raupach的数据收集自一组母语为德语的学生在法国进行的为期一个学期的法语学习项目。Raupach认为："无论受测试者在哪里停留，他们的语法结构都没有明显的进步过程，只是在使用中介语的交流策略上有所改变。"通过一系列交流策略的改变，学习者会逐渐减少在说话过程中的停顿，加快语速，从而使语言表达变得更加流畅。

  Mohle的研究比较了两个小组：一个小组的成员为母语是德语的学生，以法语为第二语言，在法国进行为期一个学期的法语学习；另一个小组的成员为母语是法语的学生，以德语为第二语言，在德国进行为期一个学期的德语学习。两个小组在语言习得发展上表现截然不同。母语为德语的学生在使用法语的过程中，加快了法语的语速，但是在项目结束后，他们在法语的语法结构和法语造句的词法结构上进步很小；母语为法语的学生，在项目结束后其德语的语速没有明显的进步，但是在德语的语法结构和德语造句的词法结构上有明显的进步。这些现象有两种可能的解释：出国学习对于学习者句法复杂度的学习结果的影响是由语言而定的；出国学习对于学习者句法复杂度的学习结果的影响是由学习者个体而定的。

  与此同时，Lennon和Tonkyn也提出了相同的观点。Lennon关于中介语发展的研究以4名在英国进行5个月英语学习的母语为德语的学习者为研究对象。Lennon发现，尽管在测验中4名受测试者在口语流利度上都有所进步，但是在其他的测验中，3名受测试者有所进步，1名受测试者有所退步。在这些发现的基础上，他提出口语流利度有两个组成部分：口语流利度暂时组成部分，即由于说话者说话内容不同而导致的语速的暂时差异；元音言语障碍标记组成部分。他认为个体学习者在相同单位时间内的口语流利度会有所不同。

  两个月后，Lennon再次对这一组研究对象的句法复杂度、语法准确度和口语流利度展开研究。他发现4名受测试者在句法复杂度的两项测试和口语流利度的一项测试中都取得了进步。语法准确度测试结果显示，4名受测试者没有明显持续的进步。"进行更深入的错误分析是有必要的，以便于建立起个体的有意义的错误类别。"Lennon也发现，在所调查的口语流利度的各个方面中，学习者总是有些方面进步，有些方面退步。他将产生这样结果的原因归结于学习者短时间内在学习时遇到的"混乱和不稳定"。

Tonkyn的研究也涉及将英语当作第二语言的学习者们的句法复杂度、语法准确度和口语流利度的发展变化。Tonkyn的研究对象为8名在英国大学学习的学生。基于他们在本国的英语水平，其中的4名学生将英语当作第二语言（English as a second language，ESL），另外4名学生将英语当作外语（English as a foreign language，EFL）。Tonkyn发现：在句法复杂度方面，将英语当作外语来学习的学生，出国学习后进行英语写作时会通过增加一定数量的句子情态、从句成分、非限定性从句来增加句子难度、长度和复杂度；在口语流利度方面，学生们在出国学习后使用目的语言时，不必要的停顿减少，对于听者无帮助、无意义的词语减少，表达更加流畅；在语法准确度方面，出国学习后学生们在表达中的错误明显减少。

Tonkyn发现，学习者之间也存在明显的不同。一名学习者在口语流利度和语法准确度的每一项评估中都表现为明显的进步，但是在句法复杂度的评估中却只有两项表现为明显的进步，有一项表现为退步；一名学习者在句法复杂度和语法准确度的每一项评估中都表现为明显的进步，但是在口语流利度的评估中只有一项表现为进步，另外三项都表现为退步；一名学习者在句法复杂度和口语流利度的评估中表现为明显的进步，但是在语法准确度的三项评估中都表现为退步；一名学习者在语言能力的任何方面都没有明显的变化。以上研究结果表明，学习者在学习过程中，凭借自身不同的能力在语言的不同方面取得进步，他们没能同时在所有的能力上都取得进步。以上研究结果也表明，个体学习者在不同方面取得进步是由学习者能力的不同决定的。

基于以上研究结果，可以得出两个主要的结论。首先，由表2.3可知，在出国学习后，至少会有部分学生在一项能力上取得进步。其次，出国学习的影响，会因学生个体差异而有不同。一部分学生在一项或几项能力上取得进步，而另一部分学生却在其他方面取得进步。遗憾的是，这些研究的研究对象都是成绩优秀的学生，没有涉及语言能力稍低的学生在出国学习后是否会取得相类似的成果。

表2.3　出国学习对语言熟练度的影响

研究者	时间	语法准确度	句法复杂度	口语流利度
Lennon	1990	--	--	部分学生
Lennon	1995	部分学生	部分学生	部分学生
Mohle	1984	无	无	有
Raupach	1983	无	--	有
Raupach	1984	--	--	有
Tonkyn	1996	部分学生	部分学生	部分学生

2.2.4　出国学习中语言熟练度发展研究小结

上文所展开的讨论，都在一定程度上支持了Carroll的早期研究成果"出国学习对于第二语言的学习会带来积极的正面影响"。Brecht、Davidson、Ginsberg、Freed、Guntermann、Lafford和Ryan发现出国学习会对第二语言学习者的口语流利度产生影响；Diller、Markert、Freed、Guntermann、Ryan、Landford和Spada发现出国学习会对第二语言学习者的语法知识学习和运用产生影响；Lennon、Mohle、Raupach和Tonkyn发现出国学习会对第二语言学习者的语言熟练度的各方面产生影响。

此外，对于第二语言学习和出国学习之间的关系，有一些问题尚待解决。首先，上文所讨论的学习者的第二语言的习得结果都是缘于出国学习吗？或者说，这些学习者在本国的外语培训项目中会取得怎样的第二语言的习得结果呢？影响学习者语言学习的主要因素有哪些？因为几乎没有研究项目包含以上的比较研究内容，所以这些问题的答案并不是十分清晰。第二，当语言熟练度在研究中被普遍提到的时候，对于出国学习会对学习者，特别是那些语言能力较低的学习者各种不同的能力所带来的影响的阐述，并不是十分透彻。

2.3 出国学习中语言学习影响因素研究

在出国学习过程中，外在的语言学习环境和内在的学习者个人因素，共同决定了学习者的语言学习的结果。图2.4为影响语言综合运用能力的因素。留学生们在与母语使用者交流的过程中，使用目的语言交流的频率不同，因此进步的程度也不同；文化敏感度较高的学生，更加容易接受新环境，能够很快地融入新的文化，进而提高自己的语言能力；学习动机在出国学习中对于学生的语言学习也会起到促进作用，内在学习动机与外在学习动机相结合会对语言学习能力的提高起到促进作用。在出国学习过程中，学生们的进步程度各不相同。本节将对研究出国学习中语言学习影响因素的文献进行回顾和小结。

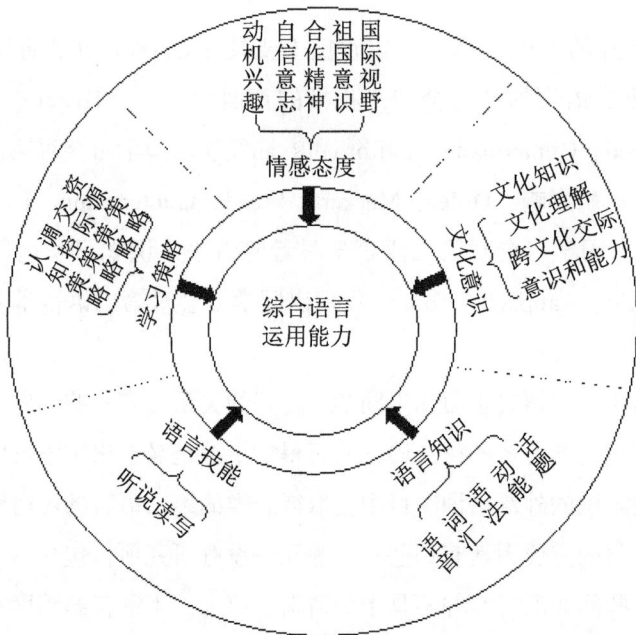

图2.4 影响语言综合运用能力的因素

2.3.1 出国学习中文化适应对语言学习的影响

对出国学习中文化的作用的相关研究主要分为两类：针对参加出国学习项目的学生的具体案例，展开定性分析；通过对调查对象进行问卷调查收集数据，展开定量分析。后者中，Chiefo和Griffiths通过对学生自我学习报告的分析，比对了参加了冬令营或为期5周的冬季课程的学生的学习结果和没有出国学习经历的学生的学习结果，发现存在显著的不同之处。

在课程快结束的时候所有的学生都收到了一份关于"全球意识"的调查问卷，在问卷中有四项主要内容：跨文化意识、个体成长经历、全球意识、语言能力。出国学习的学生文化意识比在国内学习的学生更强。值得一提的是，出国学习的学生更清晰地意识到了"世界和国家不同"，有许多不同于本国文化的文化存在。

研究表明，出国学习增强了学生们的文化意识。出国学习的经历就如Oberg的跨文化适应度U形图（图2.5）。Oberg是第一个提出文化休克（cultural shock）这一概念的学者。他认为，人们来到新的生活环境中会由于所熟悉的生活规律被打乱等而产生焦虑，随着时间推移这种焦虑会慢慢消失，人们会适应新的文化环境。在Oberg的理论中，文化休克分为蜜月期（honey moon stage）、敌意期（hostile stage）、恢复期（recovery stage）和适应期（adjustment stage）四个阶段。

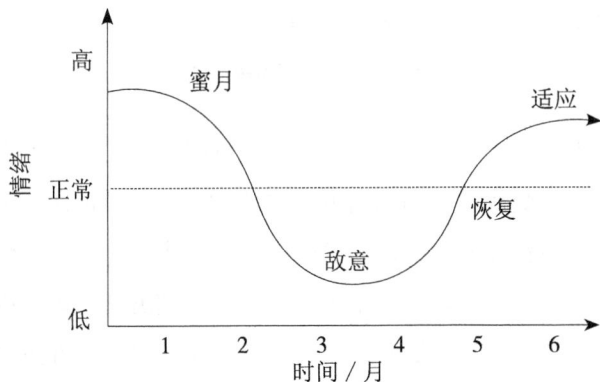

图 2.5 Oberg的跨文化适应度U形图

文化休克的最初阶段即与新文化接触时压力十分大。Furnham指出，语言、宗教、道德观念、性别关系、行为规则的不同也会导致文化上的不同，一些表面上简单的任务在文化的背景下可能变得十分复杂甚至不可能完成。他将个体首次访问外国文化时的经历与学习本国文化时的经历进行对比，认为如果个体缺乏与家庭成员或同龄人之间的社会结构关系，其在与他人交往或表达情感、表述语言概念时会遇到障碍；类似地，个体第一次访问其所不熟悉的外国文化环境时也会遇到困难。很多游客，特别是那些在本国的文化交流中具有各种社会交流能力的游客，在新的文化环境中突然失去各种社会交流能力，则会显得相当不适应。跨文化冲击反应如图2.6所示。

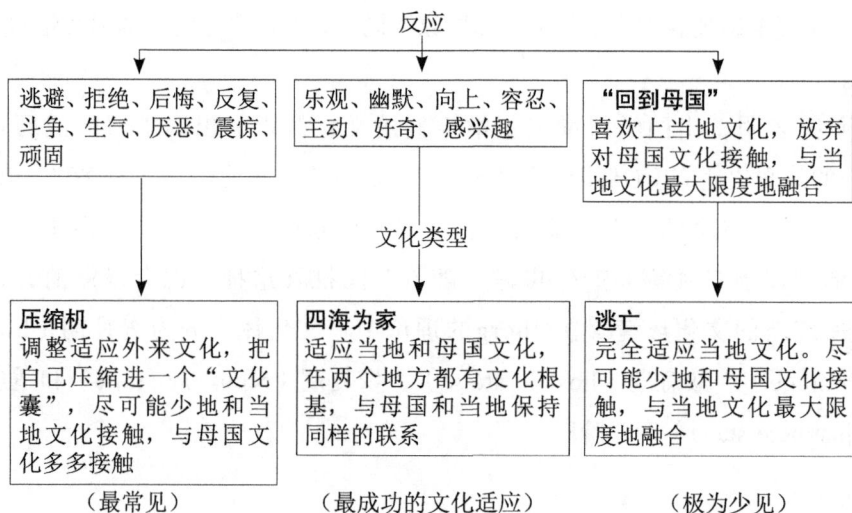

反应

| 逃避、拒绝、后悔、反复、斗争、生气、厌恶、震惊、顽固 | 乐观、幽默、向上、容忍、主动、好奇、感兴趣 | "回到母国"
喜欢上当地文化，放弃对母国文化接触，与当地文化最大限度地融合 |

文化类型

| 压缩机
调整适应外来文化，把自己压缩进一个"文化囊"，尽可能少地和当地文化接触，与母国文化多多接触 | 四海为家
适应当地和母国文化，在两个地方都有文化根基，与母国和当地保持同样的联系 | 逃亡
完全适应当地文化。尽可能少地和母国文化接触，与当地文化最大限度地融合 |
| （最常见） | （最成功的文化适应） | （极为少见） |

图2.6　跨文化冲击反应

这些困难在Warden、Lapkin、Swan及Hart的研究中也曾被提及。他们分析了在魁北克经历三个月交换学习的18名说英语的学生的学习记录，发现几乎每一个学生都记录了他们在新环境中的最初的恐惧心理，也记录下了他们最初对于目的语言使用得不够熟练的事实。一名学生写道："星期五是最困难的日子，我甚至不想下公交车去上学，我只想回家。"另一名学生写道："在过去的八年里我所学习的法语，在这一刻我感觉毫无用处。"还有一名学生写道："我就像一个孩子在从头开始学习交流。"

面对这些困难，出国学习的学生会有不同的反应。一项案例研究中，研究对象Lily抵达墨西哥后，她的文化观、价值观及自己鲜明的个性特征立刻遭到冲击。起初，她的文化理解错误表现为对文化的忽视，如上课时穿着过于随意，或者在公共场所很不习惯男士为女士开门等。然而，当她意识到这些文化和她本民族文化的不同之后，她开始有意回避，或者躲在宿舍里，或者独自去旅行。她还发现墨西哥的孩子们所做的一切只为了取悦他们的父母，而不是自己真的喜欢去做。这个学期过后，她的态度开始变化，她开始将课堂学习和课外经历结合起来，她开始接受墨西哥的行为准则："在开始的时候，我可以说这是一种机械模式，但是……我认为那是他们的文化，虽然我并不能完全接受。"很明显，这名学生经历了学习文化的过程，幸运的是她可以很快加入新的文化环境中。她的经历很好地诠释了Oberg的跨文化适应度U形图，从开始的兴奋，接下来的挫折、拒绝，到最后的适应。

另外一些研究也提到了在国外学习期间由于文化不同会导致学生们语言学习过程中出现障碍。Twombly通过对一群前往哥斯达黎加留学的北美学生的观察发现，学生们在完全陌生的环境中表现为抵触、烦躁或是疑惑。面对文化差异，学生们更喜欢和本民族的人聚在一起。在这个项目中，大多数的学生经常聚在校园的大树下，成为一群远近闻名的"树下的外国佬"。这个事实向我们揭示了在外国语境中文化敏感度的重要性。在逃离当地文化的过程中，学习语言和文化的机会也大大减少了。

由于文化的不同，学生们不愿意与母语使用者进行交流，对这种倾向性Wilkinson也进行了阐述。一名参加出国学习项目的学生认为在新的环境中交流远比在自己熟悉的环境中交流困难得多。由于文化的不同，这名学生在商店购物时，或与寄宿家庭关于家具的摆放有不同意见时，很难接受或理解对方的文化。来自同一个出国学习项目的另一名学生却有着截然不同的经历。她曾经在柬埔寨居住了一段时间，又相继在许多国家旅居过，她将自己定义为"世界游民"。极高的文化敏感度帮助她在完全陌生的环境中没有丝毫的不适感，而且自如地和寄居家庭及当地人交往。

出国学习的学生们花费大量的时间和本民族的人聚在一起，而拒绝和忽视与母语使用者进行有效的沟通，这种现象并不孤立。Day认为，出国学习的学生们由于不同文化的限制所带来的交流上的限制，不能更好地进行语言或者文化的学习。因此，很多研究项目不鼓励学生们同来自本国的人花费大量的时间聚在一起。

然而，关于出国学习后学生们可以和来自本国的人在一起多久，并没有研究给出清晰的界定。Oberg的跨文化适应度U形图表明，出国学习后由于文化的不同，学生们会经历一种来自文化的压力，而正是这种压力也在某种程度上促进了学生们在文化学习中获得进步。Wilkinson认为，和来自本国的学生在一起可以帮助留学生们克服初到新环境时的紧张与压力。一名学生说道："如果最初没有结交到那些本国的朋友，我真不知道自己该怎么办。也许只能蜷缩在寝室里……"另一名学生也认为，"没有比和本国同学在一起更好的办法来克服恐惧""和相同文化的同学聊天，可以让自己的压力得到释放"。她认为留学初期偶尔使用母语会使自己的内心感到平衡。Wilkinson认为这些陈述也反映出学生们缺乏一定的学习动机。他们在用自己的方式对陌生的新环境慢慢适应，这对后期的语言学习在一定程度上也会有促进作用。

Hokanson也对文化与语言之间的关系提出了自己的看法，她的研究对象为29名前往危地马拉学习西班牙语的学生。她发现，出国之前有一定西班牙语基础的学生在出国后与危地马拉当地居民交流时会有更多的优势。她列举了Linda的例子。在出国前Linda的西班牙语基础很好，但在抵达西班牙后她非常不喜欢吃黑豆和瓜菜，她觉得很难下咽。后来因一次偶然的机会随学校到危地马拉偏远的乡下参观，她看到了当地贫困的生活，饲养的牲口随意进出房间，在很拮据的生活状态下女主人还是盛情准备了甜菜和瓜菜来款待大家。Linda的观念开始发生变化，她将同学们聚在一起，鼓励大家"要品尝瓜菜，它是多么美味"。Hokanson认为，有一定语言基础的学生在文化敏感度上也会稍高，这在一定程度上也会促进学生的语言和文化学习。

Carlson等认为出国学习的经历可以扩展学生们的学识，开阔学生们的眼界。

2.3.2 出国学习中语言接触与交流互动对语言学习的影响

与出国学习相关的教师、学生和管理者，通常认为学生们经历了出国学习后会获得语言上的熟练度，会获得更多与目的语言使用者交流的机会，口语流利度也会提高。很多关于出国学习的研究都支持了这种假设。出国学习理论与第二语言习得理论极为相似，特别是在那些关于输入理论或者交流互动理论在语言能力发展过程中的重要意义的研究方面。

Hatch指出了在语法学习中交谈的重要性。Krashen研究了在第二语言的习得过程中理解输入的重要意义。Long认为，交流互动在第二语言习得中非常重要，因为词汇和其他修辞给予了学习者其所需要的输入。

Pica、Young和Doughty发现，接受了非模式化输入的母语使用者和与母语使用者交流的学习者相比较，具有更高的语言理解能力。研究结果表明，大量的交流带来了输入的增加。Gass和Varonis发现，在交流任务中非母语使用者被提供了非模式化的要求，与那些与母语使用者交流时产生意义协商的学习者，及那些仅仅接收到模式化输入的学习者相比，在交流中获得的机会更多。

其他的学者，如Long、Inagaki和Ortega，认为如果目的语言更加准确，更加近似母语，那么仅有输入是不够的。他们的研究表明，成年的非母语使用者在对话交流中收到的负面反馈要比那些仅仅使用正确模式表达的学生多一些，也正是这些负面反馈使他们的学习进步更加明显。Mackey在研究中发现母语使用者和非母语使用者之间的交流会给语言学习带来积极影响。可以发现，任务性交流会带来更高程度的进步。

这些研究结果和其他的相关研究结果，可以用来解释为什么出国学习通常会有效地帮助学生们的语言学习。出国学习的过程与课堂学习的过程不同，会为学习者提供更多的自然输入和使用目的语言进行交流的机会。此外，在出国学习项目中，以目的语言学习（或是为了满足生存需求，或是为了对文化进行了解，或是出于对友谊的渴望）为基础的学习比任何类型的学习都更加需要以交流为手段和目的。

其他的研究也提到了输出在语言学习中的重要性。Swain在加拿大对比研究了母语为英语的学生们和母语为法语的学生们的第二语言习得情况。她发现母语为英语的学生们在"沉浸式"[1]的法语课堂上，与母语为法语的学生们相比，除了口语流利度和语法准确度不同外，其他表现基本相似。在这样的环境中，学生

---

[1] 指采用沉浸式外语学习模式，在一个相对封闭的环境中，要求学生衣食住行全方位、全时间段只能使用目的语言，从而阻断母语的干扰，在短时间内形成目的语言的思维习惯，达到灵活运用该语言的目的。

们接受了大量的理解输入，他们每天听着教师用法语授课，在法语的环境中学习各种科目。在Swain的研究中最大的问题是学生们很少积极地产出理解输出。学生们在教室中没有足够的机会去使用法语，他们在与教师或同学交流时不断地使用各种策略来使自己可以被对方理解。Swain认为，学生们在目的语言的使用中不断地分析语言的句法和词法结构。由于学生们试图表达，他们的注意力将会集中在交流时他们使用目的语言在表述过程中起到的作用。有时候这种"注意"也会在与他人交谈的反馈中获得。Swain和Lapkin认为，这种反馈有时候是直接的，有时候是间接的。基于此，输出在第二语言的学习过程中也很重要，因为它允许学习者去发现自己语言能力中的盲点，督促学习者去分析语言的环境，并为学习者获得反馈提供机会。

在目的语言环境中的交流是学生们在出国学习中口语能力发展的有效变量。Yager提出了"语言接触量"这一概念，用来衡量学生们在出国学习的语言环境中，在教室外和目的语言的接触量。Freed研究了各种不同的非正式的语言接触对学生语法准确度的影响。Freed发现，基础较差的学生在课堂内外与目的语言的直接接触，对于他们语法准确度的提高有显著的积极作用；对于相同项目中基础较好的学生，非直接的语言接触如使用目的语言阅读、看电视等，也会带来语法准确度的提高，但是直接语言接触并没有带来语法准确度的提高。

Yager力图发掘交流、文化敏感度、学习动机等与语言习得之间的关系。他在研究中同样使用了语言接触量化表，但是与Freed不同的是，他的研究对象包含一部分母语使用者，数据的核定内容还包括母语使用者在出国前后的语速。Yager请研究者来判断学生们在以下三个方面与母语使用者的不同之处：综合能力、语法和语音。他的研究结果和Freed的研究结果很像。他发现：在出国学习中经常与母语使用者交流的学生，在综合能力和语音方面取得了很大进步，这种现象在初学者当中特别普遍；在出国学习中并不经常与母语使用者交流和接触的学生，在综合能力和语音方面表现为无显著变化。

Isabelli在研究中也将与母语使用者的语言接触量作为出国学习中的一个变量。他的研究对象为一群前往阿根廷进行为期一年的学习的学生。Isabelli进行了一整年的观察与数据分析，研究重点为出国学习中口语流利度和语言熟练度的发展。他发现，学习动机越强的学生，在发展社会关系方面效果越显著。

　　Segalowitz和Freed发现，出国学习后学生的口语流利度进步明显。由学生们在自我报告中所阐述的在教室外使用西班牙语的时间可以发现，在教室外使用西班牙语的时间与口语流利度的提高没有必然关系。Sieloff-Magnan和Back也发现，学生们与母语使用者的交流时间与他们口语流利度的提高没有必然的联系。出国学习中语言接触与交流互动对语言学习的影响研究汇总见表2.4。

表2.4　出国学习中语言接触与交流互动对语言学习的影响研究汇总

研究者	时间	研究内容或结果
Hatch	1978	语法学习中交谈的重要性
Krashen	1985	在第二语言的习得过程中理解输入的重要意义
Swain	1985	输出在第二语言学习过程中的重要性
Pica、Young和Doughty	1987	接受了非模式化输入的母语使用者和与母语使用者交流的学习者相比具有更高的语言理解能力
Bretch	1993	在目的语言环境中的交流是学生口语能力发展的有效变量
Gass和Varonis	1994	在交流任务中非母语使用者被提供了非模式化的要求
Keating	1994	在目的语言环境中的交流是学生口语能力发展的有效变量
Long	1998	交流互动在第二语言习得中的重要意义
Yager	1998	提出了"语言接触"这一概念
Long、Inagaki和Ortega	1998	如果目的语言更加准确，更加近似母语，仅有输入是不够的
Mackey	1999	母语使用者和非母语使用者之间的交流会给语言学习带来积极影响
Isabelli	2001	将与母语使用者的语言接触量作为出国学习中的一个变量
Segalowitz和Freed	2004	出国学习后学生的口语流利度进步明显
Sieloff-Megnan和Back	2007	学生们与母语使用者的交流时间与他们口语流利度的提高没有必然联系

　　程晓堂对语言学习与意义协商关系进行了诠释（图2.7）。

| 执行参与任务 | → | 遇到困难障碍 | → | 意义协商 | → | 学习语言 |

图2.7 语言学习与意义协商关系

2.3.3 出国学习中文化敏感度对语言学习的影响

关于为什么一些留学生很难与留学国当地人进行有效沟通与交流的合理的解释，便是其文化敏感度低。Wilkinson在研究中发现，文化敏感度较高的学生可以很快地适应新环境，很快地融入当地的生活圈子，这自然也带来了语言能力的快速进步；而文化敏感度较低的学生，在交往中自己主动建立起交流障碍，因此减少了与当地人交流的机会，自然语言能力进步很慢。因此，Wilkinson认为，文化敏感度越高的学生，越容易适应新的生存环境，进而在生活交流过程中增加使用目的语言的机会，获得语言能力的进步。

作为跨文化背景下成功交流影响因素之一的文化敏感度，是众多学者研究的内容。Bennett将文化敏感度定义为在现实生活中人们不断适应文化结构差异的能力。Chen和 Starosta认为，文化敏感度是人类的一种主观意愿，是人们鼓励自身理解、接受、融入对方文化的能力和意愿。

许多学者认为出国学习是一种发展跨文化能力的方法。一些专家专注于研究那些能够用来预测出国学习学生的跨文化能力的因素。这些属性/特性包括（文化）移情、尊重、国外经历、听力能力，以及对含糊不清（的话语）的接受能力。Kealey指出，这些属性/特性对于学生发展跨文化能力的效果比较重要。 Benson认为，这些属性/特性能影响学生在国外的跨文化能力调整。Kim和Spitzberg认为，这些属性/特性在跨文化能力的发展过程中起着重要作用。

Gudykunst和Wisements在研究中调查了50名国外学生，定义了另外三种能力，并将其定义为形成跨文化能力的必要条件。这些能力是：处理心理压力的能力、有效地与他人交流的能力、建立有意义的友谊的能力。

2.3.4　出国学习中学习动机对语言学习的影响

Gardner认为，学习动机是外语学习成功与否的主要影响因素之一。学习动机是第二语言学习过程中很重要的变量。众多学者认为，学习动机是学生语言学习过程中，特别是出国学习的语言环境中最重要的影响因素之一。Shedivy认为动机理论在三个方面阐述了人类行为：为什么人们会选择做某事；为什么人们会坚持做某事；为什么人们会努力做某事。Gardner将学习动机定义为"个体想学习某种语言所付出的努力程度"。这种学习动机包括三个因素，即愿意学习某种语言的愿望、学习这种语言的满足感，以及为达到目标所付出的努力。

关于出国学习的研究也由此出现了更多的问题。"出国学习对于学生学习第二语言的学习动机会产生怎样的影响？""学生们参加了出国学习项目后学习动机会发生改变吗？""学生的学习动机在出国学习过程中怎样影响了语言的进步？"Gardner的学习动机研究仅从影响学生学习进步的一个方面给予了阐述。尽管学习动机研究在语言学习研究的很多领域都产生了积极的影响，但是关于学习动机对于出国学习效果的影响的研究却很少。Isabelli研究了5名学生在阿根廷一个学期的学习情况，结果发现，其中3名具有较强学习动机的学生在语言学习过程中表现出的进步最明显。她的研究结果极大地支持了学习动机理论，即学习动机会影响出国学习的效果。

Masgoret和Gardner的研究不仅指出了学习动机会对出国学习产生影响，同时也指出出国学习同样会对学习动机产生影响。他们的研究对象是一群从香港前往西班牙学习的学生。在西班牙学习一个月后，虽然学生们的学习动机强度没有发生任何变化，但是学生们的经历极大地影响了他们对于语言学习的积极性和学习能力。MacIntyre等的研究也得到了相同的研究结果。他们在研究中比较了两组学生，一组学生将西班牙语当作第二外语进行课堂学习，另外一组学生采用"沉浸式"学习方式学习西班牙语，结果显示，两个小组的学生在学习动机和学习态度上没有明显的不同。但是，采用"沉浸式"学习方式学习的学生们的交流能力和沟通意愿明显提高。这些结果也显示出学生们即便参加了出国学习项目，在学习动机上也不会有太多的变化。

Allen和Herron研究了25名参加暑假法国留学项目的学生，他们的研究结果显示，学生们的语言能力提高了，但是使用语言进行交流的渴望却降低了，学生们对于法国人的态度和法国文化意识没有任何变化。

出国学习中学习动机对语言学习的影响研究汇总见表2.5。

表2.5　出国学习中学习动机对语言学习的影响研究汇总

研究者	时间	研究内容或结果
Gardner和Lambert	1972	学习动机分为"工具型"和"融合型"
Gardner	1985	学习结果分为"语言"和"非语言"
DÊrnyei	1990	重视课堂外语教学环境
Ramag	1990	注重学生学习态度
Gardner、Day和MacIntyre	1992	学习动机对学习成绩的影响
Clement	1994	提出"认知学说"
Noels	1994	提出"认知学说"
Oxford和Shearin	1994	"学习情境""目标显著性"对语言学习的影响
Gardner、Tremblay 和 Masgoret1	1997	学习动机对学习成绩的影响
Belmechri和Hummel	1998	注重学生的学习态度
Masgoret和Gardner	2000	学习动机与出国学习相互产生影响
Isabelli	2001	具有较强学习动机的学生语言进步最明显
Allen和Herron	2003	语言技能与学习动机之间无必然联系
MacIntrye	2003	出国学习对学习动机没有影响
Shedivy	2004	动机理论在三个方面阐述了人类行为
Dornyei	2005	学习动机为出国学习的语言环境中最重要的影响因素

在我国，研究学习动机与语言学习之间关系的学者众多，一些学者在研究中注重学习动机对学习成绩的鼓励和促进作用，还有一些学者注重研究学习动机的内部结构。图2.8为Trembley和Gardner的二语/外语学习动机模式图。我国大学生学习动机研究汇总见表2.6。

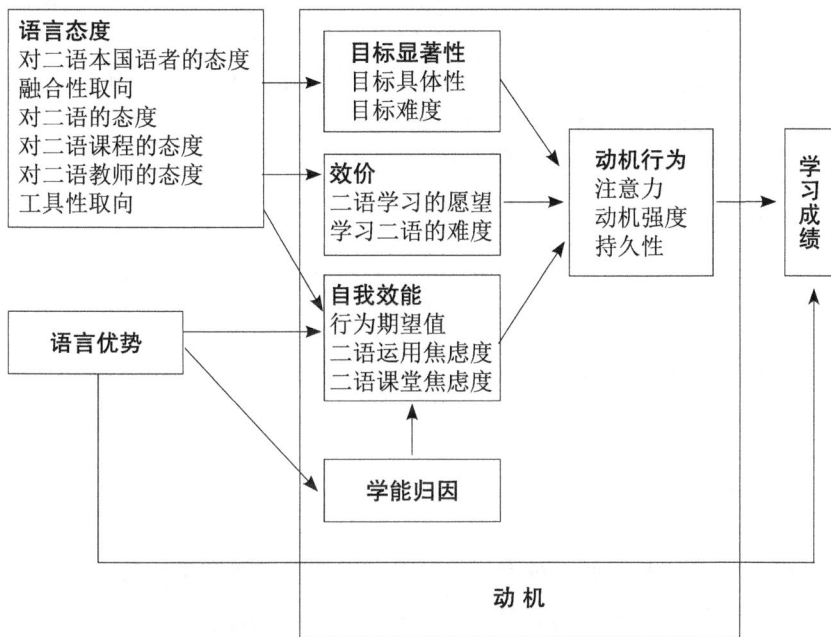

图 2.8　Trembley和Gardner的二语/外语学习动机模式图

表2.6　我国大学生学习动机研究汇总

时间	研究者	研究内容	变量	研究对象	研究方法	研究结果
2001	文秋芳	英语学习动机、学习策略及学习观念之间的关系	学习动机	72名南京大学生	问卷调查法	三者之间的关系较为稳定；学习动机影响学习策略和学习观念，学习观念影响学习策略

表2.6（续）

时间	研究者	研究内容	变量	研究对象	研究方法	研究结果
2002	秦晓晴	归因倾向如何影响学习动机	学习环境	8名非英语专业大二学生	访谈法和日记法	由于学习者的程度不同，在归因上存在定性的差异；学习动机直接受到归因的影响
2002	秦晓晴、文秋芳	学习动机内部各因素之间的关系	英语成绩、学习能力	来自5所大学的非英语专业大学生500名	问卷调查法	自我学习能力是调节动机行为的重要因素
2003	高一虹	英语学习动机类型	学习成绩和学习动机强度	全国30所大学2 278份问卷	问卷调查法	不同的专业和不同的英语水平严重地影响了学习动机
2003	李淑静等	英语学习动机类型（研究生）	学习动机类型	1 017名硕士、博士研究生	问卷调查法	学生的内在学习兴趣、自信程度及学习动机之间关系紧密

对以往文献的回顾显示：对语言学习之"非语言结果"的研究相对薄弱；对我国大学生英语学习社会心理的研究主要集中于学习者因素对学习成绩的影响，"生产性双语现象"在这一群体中是否存在有待检验；动机类型与自我认同变化之间的关系有待探索。特别是关于较强的学习动机是否一定会带来语言学习能力的提高值得研究。

2.4　语境与语言学习

语境不能简单地被理解为学习者在一定时间内的语言学习环境，也应当包括学习者和环境之间的关系。两名学生在相同的时间坐在相同的教室里，也有可能经历不同的语境。例如：一名学生在课堂上可能会经常提问，并积极回答许多问题，在这个过程中，这名学生需要教师或者其他的学生给出适当的反应和反馈；

另外一名学生可能会安静地坐在一边，只有被教师提问的时候才会发言。基于在课堂上的不同表现，以及从周围得到的不同反馈，即便在相同的时间里，学生们也会为自己创造不同的语言学习环境。更进一步来看，即便学习者的学习环境没有发生任何的改变，学习者相互之间的关系也会随着时间的推移而不断发生变化。Allwright指出，学生们在积极地参与课堂活动时，直接地获得了学习语言和掌握语言的机会，使原本枯燥的学习变得趣味盎然，学生们对学习也更加积极、主动。

2.4.1 作为语言学习环境的国外

第二语言的语境被认为是第二语言习得的重要影响因素。Collentine和Freed认为，为了更好地理解语境中的语言，必须"将语言和语境系统地联系在一起"。Firth和Wagner也同样认为，社会和语境对于第二语言习得至关重要。

Freed将语境分为三类，如图2.9所示。第一类是本国课堂语境，以教室为主要的学习环境。在教师布置学习和交际任务后，学习者在教室里使用第二语言进行交流和沟通，但是在这样的语境中并不能遇到和社会生活中一样的不可测因素。第二类是本国沉浸语境。在这类语境中，学习者可以在一定的条件下完全使用第二语言进行交流和沟通。第三类是国外学习语境，学生们可以寄宿在外国家庭中，或者居住在国外学校的宿舍里，无论是学习还是生活完全使用第二语言。

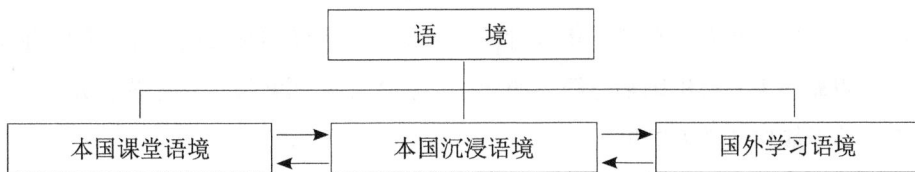

图 2.9 Freed的语境分类

Segalowitz和Freed对比了一群母语为英语的学生在为期一个学期的课程学习过程中，在本国的大学和国外的大学这两种不同语境中西班牙语的口语流利度和语言熟练度的发展变化情况。对口语流利度的发展通过语速、停顿时长、口语熟练度等变量的发展来核定。研究表明，在国外学习的学生与在本国学习的学生相比，在口语流利度和语言熟练度上都有显著的变化。

然而，在国外学习的学生，并没有在口语表达的各个方面都表现出优势。Diaz研究了学生们语音的各个方面，他请学生们在国内与国外的语境中，分别大声朗读了一段文章，以便于采集到数据样本中所有的语言符号。有趣的是，在国内学习的学生们经过一个学期的学习后，较出国学习的学生们有更大的进步。Diaz发现，与在国外语境中的学习相比较，常规的语言学习对学生们语音准确度的影响更大。

另一项研究检验了国内教室环境中的学习者和国外学习环境中的学习者使用的交际策略，及一个学期之后语言发展的不同之处。Lafford发现，无论是国内教室环境中的学习者，还是国外学习环境中的学习者，都减少了交际策略的运用，而且后者的交际策略的使用频率下降更快。这一结果显示出了在国外学习环境中学习语言的优势。正如Lafford所说："中等水平的学生在语言使用熟练度增加的过程中，交际策略的使用频率呈下降趋势，主要是由于学生们更加依赖于使用自己的语言能力去交流。"Lafford认为，国外学习环境中的学习者与母语使用者有了更多的交流，辅助他们满足了真正的语言交际需求。这项研究结果极大地鼓励了学生们将重心放在含义表述上，而不是使用什么样的交际策略上。

一些关于国外语境对语言学习的长期影响的研究结果似乎是相互矛盾的。Lapkin、Hart和Swain测验了八年级和十二年级学生的听力能力。研究结果显示，在八年级阶段，参加了出国学习项目的学生的听力能力明显高于没有出国学习经历的学生。然而，在十二年级阶段，参加了出国学习项目的学生的听力能力并没有明显高于没有出国学习经历的学生。相关影响因素很多，这些研究表明出国学习并不能保证学习的进步。

Freed、Segalowitz和Dewey关于在国内外语境中语言学习的矛盾性的研究给出了不同的研究结果。他们的研究在Freed于1995年的研究的基础上展开，Freed在研究中将研究重点设置为学生们出国学习法语和在国内学习法语时，口语流利度的发展进步情况。为了进一步研究该内容，Freed在研究中引入了一组在国内采取"沉浸式"学习方式的学生。每一组的学生在参加项目前后都进行了口语流利度测试，通过话语停顿长度、语速、词汇量来衡量口语流利度。在三个小组中，采取"沉浸式"学习方式的学生们进步最明显，出国学习的学生们也有一定程度的进步，但是只在课堂上学习的学生们没有任何进步。研究者还发现，采取"沉浸式"学习方式的学生们在活动内外与出国学习的学生们相比较，使用法语的频率更高。此外，出国学习的学生们在教室外使用母语的频率高于使用目的语言的频率；采用"沉浸式"学习方式的学生们每周使用法语的时间明显多于出国学习和只在课堂上学习的学生们。

不同语境中的教学模式不仅值得教师们去思考，也值得广大研究者去深思。交流的质量和数量、交流的时间、交流效率等都是交流过程中不可缺少的一部分。国外学习语境中的学生们有大量的机会使用目的语言去交流。然而，那种认为只要在国外的语境中便会有机会交流、便有学习语言的条件的想法是绝对错误的。

基于全球化的特点，出国学习项目的设计往往将学习地点和生活方式相结合。例如，如果学生们希望加速西班牙语言的学习，那么最好的方式是前往马德里，与当地的学生们一同居住在宿舍里，或寄宿在当地的家庭中。由于出国学习项目的多样性，语境不仅仅是出国学习项目中语言学习效果的重要影响因素，也是出国学习项目不同类型的重要区分条件。

Rivers在研究中比较了留学时间为一学期、在俄罗斯选择家庭寄宿的学生和选择住在学校宿舍的学生的语言变化情况。在对比检验中，她发现学生们在语言功能、语言学习经历上都十分相似。人们的固有观念可能认为，选择家庭寄宿的学生们在生活中与当地人接触的机会会多一些，因此使用目的语言交流的机会也会多一些。然而，Rivers发现，选择家庭寄宿的学生们在语言表达上的进步并不十分明显，在听力方面更是没有明显变化，但是在阅读上的进步却十分显著。Rivers对于这个结果的解释和Frank相同。Frank选择使用人种学的理论方法来发掘学生们在寄宿家庭中的经历的本质。他发现无论是选择家庭寄宿的学生们还是寄宿家庭成员，都会因为学生们不能清晰地使用俄语交流而感到尴尬。这样的心态会限制学生们表达自己的生活所需，比如和寄宿家庭成员看电视时很难清楚地表述自己的观点，难以交流。于是，学生们为了避免产生这样的局面，会选择待在自己的房间里，看书、听音乐、写作业，而避免交流。

Schmidt-Rinehard和Knight研究了在墨西哥和西班牙不同的出国学习项目中家庭寄宿的特点。他们采用问卷调查法和访谈法从房屋管理者、学生、寄宿家庭三个方面来收集数据。研究结果表明,选择家庭寄宿为大部分学生的语言学习带来了积极正面的影响,而且有过家庭寄宿经历的学生们也会向同学、朋友们推荐这种留学中的居住方式。虽然如此,学生们还是经常抱怨寄宿家庭成员与他们之间缺少足够的、有效的交流。有趣的是,被选择的寄宿家庭的成员也在抱怨学生们缺少与他们的有效交流。他们总是感觉学生们太忙,每日只是从家里进进出出,很少有时间与他们沟通。因此,可以看出与寄宿家庭成员的有效沟通是出国学习过程中促进语言发展变化的重要因素。原因很简单:一方面,更多的接触会带来更多的交流,更多的交流会带来更多的练习,更多的练习会带来更加流利的口语;另一方面,与寄宿家庭成员之间的交流和沟通,往往要比接触其他的外国人更容易、更方便。从这一方面来看,那些选择住宿舍的学生,如果遇到的当地人不是十分友善,那么他/她只能等待下一次遇到当地人的机会。如此,在出国学习中很多学生选择家庭寄宿的原因便显而易见了。Schmidt-Rinehard和Knight的研究表明,不同的居住方式对于学生的口语能力会产生不同的影响。

2.4.2　与第二语言的接触给第二语言习得带来的影响

在先前的研究中,语境与第二语言的接触量,往往对第二语言学习者的语言习得会产生一定的影响。在谈论出国学习这一话题时,这种关系更为紧密。这是因为,当学生们来到一个全新的生活环境中时,一定会与教室之外的活动有一定的接触机会。正如第1章中所阐述的假设,由于在国外学习,学习者会有更多的机会接触语言,出国学习会提升学习者的语言熟练度,具体体现为学习者语言可理解输入能力的加强和使用语言机会的增多。出国学习所带来的影响在于研究者怎样去定义和衡量语言习得这一概念。

Upshur在研究中比较了3个小组(每组10名学生)的学习情况:第一小组的学生没有参加第二语言课程的学习,但是参加了每天两个小时的法律课程的学习;第二小组的学生每天参加一个小时的第二语言课程的学习和两个小时的法律课程的学习;第三小组的学生每天参加两个小时的第二语言课程的学习和一个小时的法律课程的学习。值得一提的是，学生们的分组是以他们分组前的测试成绩为依据的，没有参加第二语言课程的一组学生的口语流利度比其他两组学生要高一些。每天参加两个小时的第二语言课程的学生分组前的语言能力要低于其他两组学生。研究结果不受最初的语言熟练度的影响，Upshur经过方差分析发现："语言课程的数量对语言的学习没有明显的影响。"同时，小组成员之间的差别不仅仅取决于第二语言课堂的授课数量，还取决于课堂之外和第二语言的接触量[1]。研究结果表明，课堂之外和第二语言的接触量对学生们在语言测试中的成绩并没有显著的影响。

　　Mason将两组学生的听力技能、语法结构知识、写作能力和阅读能力进行了对比。两组学生参加第二语言课程的学习时间和参加非第二语言课程的学习时间都不相同。实验小组的9名学生在没有参加任何第二语言课程的学习的情况下直接参加正规大学课程的学习。对比小组的15名学生则"按照传统，按部就班地根据各自需要参加第二语言课程的学习"。与Upshur不同，Mason对小组成员的选择是随机的，小组成员无论是阅读能力还是语法知识都没有明显的不同，但是，他们在听力技能和写作能力上却有明显的差异。为了更好地消去听力技能和写作能力上的差异的影响，Mason在实验小组中选出6名学生与对比小组中的6名学生进行配对。在学期末，所有的学生都要接受测试。Mason发现，接受配对的学生们在听说读写四项语言技能上没有任何的差别。同时，Mason再次设置了一项测试，目的在于找出接受配对之前学生们的语言技能习得是否不同。最终，他发现结果是毫无差别。与Upshur的研究结果相同，由于小组成员无论是第二语言的课程学习时间，还是课堂之外和第二语言的接触量，都有明显的不同，因此可以得出结论：课堂之外和第二语言的接触量对于学生的测试成绩不会产生任何影响。

　　Krashen和Seliger是最先研究是否学生们在课堂之外使用第二语言的数量越多越会达到更高的语言熟练度的学者。在这项研究中，他们根据学生们学习英语的年限将其配成14对，通过进行问卷调查得出"谈话评分"。"谈话评分"以计算机为依托，核算出学生们在和他人交谈时有多少的英语使用量。将学生们在美

---

[1]　指的是学习者在第二语言课程之外对第二语言听、说、读、写技能的接触量。

国居住的年限乘以"谈话评分"，得出"实践评分"。这样做是为了验证课堂之外的第二语言接触量对于语言的学习是否会有明显的影响。也就是说，是否每一小组中"实践评分"越高的学生，就应该具有越高的语言熟练度。然而，结果显示，14对学生中，只有6对具有较高"实践评分"的学生语言熟练度较高。因此，对于这些学生Krashen和Seliger得出结论，第二语言的语言熟练度和课堂之外的第二语言接触量之间没有必然的联系。

Seliger的研究结论同以上研究结论有很多的不同之处。他的研究以课堂的出席量所带来的影响为研究基础，研究对象为6名具有中高级程度的学习美国英语课程、以英语为第二语言的学生，研究的内容既包括课堂之外的第二语言接触量，又包括语言熟练度。通过课堂观察，他将其中3名课上交流较多的学生划为具有较高输入能力组，将另外3名课上交流较少的学生划为具有较低输入能力组。他发现学生们在课堂上的语言交流量和最初的交流表现与学生们的语法知识点和听力理解测试成绩成正比，学生们课堂之外的第二语言接触量与最初的课堂交流数量和交流总量成正比。与他的假设相反的是，完形填空测试成绩与课堂交流表现之间没有明显的关系。Seliger的结论为：无论是正式的、自然的交流练习，还是与他人使用语言交流，积极的学习者都能够有效利用所有的语言学习环境进行练习，他们被称为"高输入者"。他们的语言能力和学习能力将会得到快速的、高质量的提升。为了得到更多的语言输入，"高输入者"能够更多地提出问题，进行思考，进而更好地使用第二语言进行交流。消极的学习者不去积极寻找练习的机会，而是逃避交流，他们被称为"低输入者"。这种学习者往往会避免与第二语言的紧密接触。基于这个原因，低输入者脱离于语言学习环境之外，需要强迫才会使用第二语言与他人进行交流。由于常规语言学习环境的局限性，低输入者的信息输入量很少，他们也不会积极地寻找更多的使用语言的实践机会。这种回避的行为表现，影响了他们第二语言学习的效果。

Seliger认为，Krashen和Seliger对于语言接触量的研究过于简单，第二语言不仅仅受语言接触量的影响，还受对语言接触量积极的不断追求的影响。

Bialystok得出了与Seliger相似的结论。他的研究在语言认知、有效的学习风格和第二语言的习得关系之间展开。其中，有效的学习风格包括四项主要策略：

常规实践、功能实践、监测、推理。实践过程可以被定义为"学习者期待提高对语言的使用能力，以提高语言意识（常规），并增强使用语言的交流能力（功能）"。第二语言的习得往往通过常规的和功能的实践，通过以听力和写作为手段的测试获得验证。在回归分析中，Bialystok发现两种事实在测试中不断地支持学生们的表现，这两种事实在数据统计中都极为重要，即能力倾向和使用策略。他发现在四项主要策略中，功能实践尤为重要。Bialystok认为，"由于语言包括句法结构、语义参考、实用意图"，学习者在语境中使用语言，在常规实践中使用语言进行交流，语言水平也会随之进步。由此可以推断出，功能实践（在教室之外的语言学习）或在教室内以交流为目的的学习也会有助于第二语言学习。

Martin将居住在美国家庭中的学生们在完成14周课程之后的托福成绩和课堂成绩，与没有居住在美国家庭中的学生们（他们或者选择居住在宿舍中，或者选择居住在公寓中）进行对比。他发现，选择家庭寄宿的学生的托福成绩明显高于没有选择家庭寄宿的学生。选择家庭寄宿的学生在课堂口语、语法、阅读和写作成绩上，明显优于没有选择家庭寄宿的学生。Martin的研究结果显示，学习第二语言的最好方式就是在使用该语言的环境中学习，事半功倍。Martin的结论表明，居住在美国家庭中的学生，很明显会比居住在宿舍或公寓中的学生有更多的机会使用英语。但是，并没有定性分析的数据显示在这两种环境中语言的使用情况。因此，很难知道学生们在两种不同环境中语言发展的结果是由居住环境的不同导致的，还是由其他因素导致的。Martin指出，有可能选择家庭寄宿的学生自身就对语言有很强的学习动机，也有可能这部分学生最初的语言基础就比没有选择家庭寄宿的学生好很多。

另一项研究表明，课堂之外的语言接触量也会影响语言的熟练程度。Monshi-Tousi、Hosseine-Fatemi和Olle对55名在美国大学学习的来自伊朗的本科生和研究生的学习情况展开了研究。他们在研究中发现，学生的美国朋友数量，及他们在考试中使用的有效时间，可以辅助预测学生们两项完形填空和两项听力测验的成绩。他们还进一步发现，学生们在考试中使用的有效时间和他们在美国居住的时间成正比。因此，他们得出结论，对于这些学生，学习英语最重要的就是和英语母语使用者多交流。换句话说，使用英语或者接触英语的机会对于学生们的英语进步会起到重要作用。

为了再一次验证Seliger的研究结果，Day对58名在美国学习的成年学生的课堂出席表现、课堂之外的语言接触量和语言熟练度之间的关系展开研究。在语言熟练度的测量方式上，Day和Seliger有所不同，Seliger选用的是语法点测试、听力理解测试和完形填空测试，Day选用的是完形填空测试和面试。两项研究所设置的测试样本的大小也不同。Seliger在一个班级的12名学生中选出6名学生，3名学生为信息的"高输入者"，3名学生为信息的"低输入者"。Day从58名学生中选出26名，14名为信息的"高输入者"，12名为信息的"低输入者"。另外，Seliger的所有研究对象来自同一个班级，而Day的研究对象来自五个不同的班级，每个班级的学生表现出不同的语言熟练度。与Seliger的结论不同，Day发现在课堂出席表现、语言熟练度和课堂之外的语言接触量之间没有明显的必然联系。和Seliger的结论相同的是，Day发现课堂出席表现和完形填空测试成绩之间没有明显的联系。Day进一步解释了Seliger的研究结果。Seliger在研究结论中指出，信息的"高输入者"对于第二语言的学习速度较快，而Day认为Seliger在研究中所收集的数据显示，只有部分学生学习速度较快，对此他质疑Seliger收集到的数据是否能够充分地支持其观点。同时，Day对于Seliger提出的课堂出席表现和课堂之外的语言接触量之间的关系也提出质疑。Seliger认为他的研究结果有力地支持信息的"高输入者"在课堂之外更愿意使用第二语言进行交流。Day指出，Seliger的结论是基于信息的"高输入者"的三项调查报告结果的，只能得出课堂出席表现和这三项评估结果之间有联系的结论，并不意味着课堂出席表现和其他的任何评估结果之间有必然的联系。比如"和英语母语使用者生活在一起，看英文的电视节目，在第二语言授课的环境中学习，或者收听英语的广播节目"，也会带来不同的结果。基于此，Day认为Seliger的数据统计所显示的内容，并未表明课堂出席表现和课堂之外的语言接触量之间有积极的联系。

Day再次对课堂之外的语言接触量和语言熟练度之间的关系展开研究。仍然采用Bachman-Palmer采用的完形填空测试和面试作为语言熟练度的评估手段。Day发现，课堂之外的语言接触量和语言熟练度之间没有明显的联系。Day仍然采用问卷调查的方式来收集学生们在课堂之外使用英语的情况和数据。他也同样指出了使用该种数据收集方法可能遇到的问题，他认为"调查问卷关于学习第二语言的学生与英语母语的学生之间，或者学习第二语言的学生与非英语母语学生之间可能遇到的冲突，并没有收集到足够理性的信息"。他指出，调查问卷仅仅收集了学习者使用英语的时间，没有收集到关于语言使用质量方面的信息。其他的研究发现，交流方式也会对语言的学习产生影响。

Spada和Freed再次修订了Day的调查问卷，进一步研究，从而解释上述的问题。Brecht和Robinson使用人种学的方法收集关于语言使用的相关数据，特别是学生日记、学习记录和课堂观察等。Brecht等经过5个学期的定性数据的收集，以及对定量数据的分析，发现课堂之外的活动的确会对语言的习得产生影响。Brecht和Robinson发现，经过一个学期的学习，课堂之外第二外语使用量达到25%的学生，语言测试成绩从1级上升到1.5级；而在课堂之外不使用第二外语的学生，语言测试成绩没有任何的改变。他们还发现，课堂之外第二外语使用量达到45%的学生的语言测试成绩，从1级直接上升到2级。这样的结果还与学生们单独与俄罗斯朋友相处的时间有关。那些平时有40%的时间都是和俄罗斯朋友相处的学生，语言测试成绩从1级上升到2级；而那些没有和俄罗斯朋友接触的学生，语言测试成绩没有任何的改变。

通过对文献的回顾和讨论可以看出，关于与第二语言的接触对于语言学习的影响，并没有明确的答案。其中的一个原因，可能就是研究者们所使用的研究方法不同。正如前文所说，Seliger认为早期的学者们在研究中的最大问题就是过分强调将学习者置于语境中是语言习得的主要原因。他认为，学习者在语境中积极主动使用语言才是语言习得的主要原因。

2.4.3 真实语境中二语习得研究

在先前的文献回顾中可以看到，学者们对于第二语言（简称二语）的学习条件基本具有相同的观点：学习者需要不断地输入才可以实现语言的习得。Dekeyser指出，对国外语境中的二语习得应拓宽考察影响习得的变量。Freed总结了当时对国外语境的研究，认为有些调查只用考试成绩来证明国外语境的好处，但语言知识不能仅用考试成绩来评判。除此之外，有些研究仅仅使用单一能力来衡量国外语境中的语言进步。这些研究都具有一定的不足。Freed总结了国外语境中的第二语言学习，指出此语境中的学习者获得的语言能力包括："说得更轻松自信，话语较丰富，语速较快，较少有影响流畅的停顿……学生掌握了更宽泛的交际策略和文体……对语言的要求从获得口语技能延伸到在文化社交场合实现自我。"

而在已有研究中关于语言的输出条件和交流条件讨论甚少。Spada在她所写的一篇名为《为什么看电视不如在语境中交谈》的文章中写道："在这项研究中，关于不同任务的定量分析的基本原理是，尽管在两项研究中所使用的时间相同，但它们的性质是截然不同的……看电视不会像交谈一样为学习者带来相同的交流机会。尽管看电视可以成为学习者一种有效的语言输入来源，但更要依赖于学习者的语言熟练度和语言水平，并不全是可理解的输入。在交谈中，由于整个交谈过程需要学习者不断和他/她的交谈对象产生沟通和交流，因此学习者更愿意去获得可理解的语言输入资源。正如Long所陈述的，语言的协商是获得可理解输入的最有效手段，会为第二语言的习得起到有益的辅助作用。于是，用英语进行的对话交谈，比通过收音机、电视机学习益处更多。"

当可理解输入成为出国学习和语言习得研究中众多文献的主要理论和经验依据的时候，DeKeyser也对此进行了研究。关于为什么出国学习会对第二语言的学习产生影响，他指出，"出国学习除了会给学生们带来可理解输入量，还会给学生提供大量的口语练习机会"。目前的研究对于第二语言学习的五种可能条件，至少在三个不同领域展开了研究（输入、输出和交流）。

1.输入

至少要识别两项不同的输入条件：

（1）可理解输入；

（2）输入带来的理解。

这些条件都是以不同的输入形式为中心的。在分析语言学习环境这一概念时，要认真识别这些条件在各种语境中的适应程度。

可理解输入这一概念由Krashen提出。他将可理解输入定义为"学习者通过听到或读到的方式获得了可以理解的语言材料"。一般而言，学习者所获得的语言材料的难度应该高于学习者已经具备的语言能力。

Krashen将学习者已经具备的语言知识水平定义为i，将语言持续发展的下一阶段定义为$i+1$，那么学习者目前已经具备的语言能力和将要具备的语言能力之间的差别即是1，当学习者获得了$i+1$水平的语言材料时，这种学习条件会对学习者的语言发展起到积极的作用。

Kranshen 认为有效的语言输入应具备以下四个特点：可理解性、趣味性或恰当性、非语法程序安排、足够的摄入量。Krashen 对以上特点还做了两项补充。一是要关注学习者的学习动机、态度、情绪等情感因素。这些情感因素对语言学习起着过滤和制约作用。根据Krashen 的"情感过滤假设"，如果学习者学习动机不明确，学习态度不积极，情绪不稳，过滤的程度就强，语言输入的损耗就大，习得的收效就小。二是对于那些非自然环境中的语言学习者来说，仅有课堂教学是不够的，要帮助学生从课外获得更多的语言输入。

或者是信息接收者暗示他们不能理解全部信息内容（如：要求再说得清楚点、确切点），以至于说话者修改说话的内容便于对方理解，或者是说话者故意改变语速来使听者更容易接收信息（如：使用结构简单的句型，使用缓慢的语速），在这两种情况下，说话者都能够有意识地修改表达内容或方式，便于听者理解。Long指出，简单的语言形式不是学习者的学习目标，学生们希望获得可理解的输入与输出。

2. 输出

关于输出，至少两个不同的条件被提到：

（1）产出实践；

（2）理解输出或识别输出。

输出的定义是基于第二语言的产出行为，以上每一项条件都是基于不同的产出功能的。

第一种被提出的输出条件就是产出实践。Swain指出，在第二语言的实践环节中，学习者们期待着提高语言熟练度，而不是语言准确度。

Swain提出，学习者可以通过被要求修改输出，来提高交流中所使用词汇的复杂度和准确度。王荣英认为，学习者对语言形式进行分析后再进行语言输出，在某种程度上可以提高输出的准确性，这个过程也在一定程度上提升了语言的控制和内化。刘丹凤也认为，学习者将语言置于假设和校对的过程中，因此语言在输出的过程中得以提升和验证。国内关于输出理论的研究汇总见表2.7。

表2.7　国内关于输出理论的研究汇总

研究者	时间	研究内容
王荣英	2008	学习者对语言形式进行分析后再进行语言输出，在某种程度上可以提高输出的准确性，这个过程也在一定程度上提升了语言的控制和内化
刘丹凤	2008	学习者将语言置于假设和校对的过程中，因此语言在输出的过程中得以提升和验证
张婧	2008	学习者在对输出错误的分析过程中不断进步，从而提升了语言的使用准确度
卢仁顺	2002	输出在外语教学与研究中意义重大
杨淑梅	2003	在第二语言的学习过程中，应该不断培养学生自主学习的能力，以增强学生语言输入与输出的能力
刘福生	2004	在语言的认知过程中，输出是不可缺少的环节，通过有意识的输出过程，可以不断地加强学习者对语言的兴趣，激发学生的语言学习潜质
崔文娟	2007	强调在英语教学环节中要加大任务型教学的力度，也强调了输出在任务型教学中的重要意义
杨梅	2009	语言习得的形成和进步与构建输出环境之间关系紧密

3.交流

Gass和Varonis认为，所谓的交流是指在谈话者和学习者之间产生的意义协商。当谈话的双方中有一方对对方的谈话内容不理解时，意义协商便会产生。这种情况下，或者说话者使他们的谈话内容变得更加容易理解，或者学习者更正改变他们的输出信息。由于协商在意义的表达中起着至关重要的作用，因此其对于第二语言的学习也是极为必要的条件。

Long在1980年第一次提出了"话语调整"（conversational adjustment）概念。随后Varonis和Gass在1985年将"话语调整"修改为"意义协商"

（negotiation of meaning）。自此，"意义协商"被广泛接受，对意义协商的研究也越来越多。尽管这些研究涉及意义协商的各个方面，但这些研究的结果大致表明意义协商对二语习得起促进作用。

意义协商为二语习得创造了三个有利条件：

（1）提供可理解输入；

（2）提供理解输出；

（3）使学习者注意语言形式。

Winddowson指出，为了更好地使用第二语言进行沟通与交际，在利用语言作为概念的表述媒介时，反复的意义协商是不可缺失的环节。

2.4.4　语境对语言学习的影响研究小结

基于以上讨论，可以看出出国学习能够对语言学习产生积极的影响。在这些研究中最主要的问题就是，研究者明白语境指的是学习者和语言的环境所产生的接触，但是却认为在所有的第二语言活动中，学习者对于第二语言的习得获益是一致的；或者认为在第二语言的学习环境中，个体学习者所起到的作用是一样的；更为糟糕的是，臆断在第二语言的学习语境中，寻找与第二语言的接触机会是学习者唯一能做到的事情。通过概念化地理解语境，我们可以将学习者在语境中所起到的作用加以强调，而不是简单地通过学习者和第二语言的接触量来看学习者使用第二语言的频率。可以通过观察学习者在第二语言环境中正在做些什么，或者观察与其交谈的对象、在交谈中正在完成些什么，来帮助他们更好地学习第二语言。更进一步说，如果语境被理解为学习者和第二语言的学习环境之间的关系，那么无论是学习者还是学习环境都会对第二语言的学习产生影响。基于这一点，任何学习者第二语言的改变，都可能对第二语言的学习环境产生影响。如果变化发生在第二语言的学习环境中，既然第二语言的学习环境可以被理解为"帮助第二语言学习的外部条件"，那么可以很容易地在这些语境中找到这些外部条件。因此可以推断，一名第二语言学习者回到她/他出国之前的语言学习环境中，第二语言会发生改变。美国语言学教授Susan M. Gass的二语习得集成模型（图2.10），深入地研究了"输入"与"输出"各自在语言学习过程中的作用，以及它们之间的相互关系，指出在学习与教学实践中应该注重输入与输出并重。

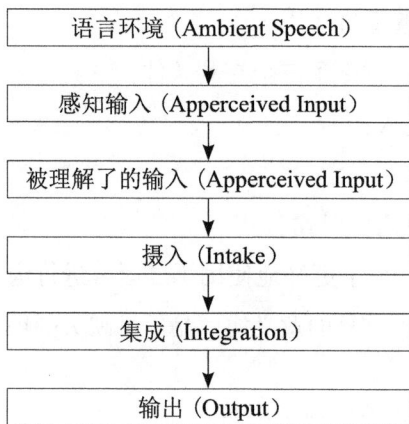

图2.10 二语习得集成模型

2.5 本章小结

出国学习在语言的学习中起到重要作用，特别是在外语学习或者是第二语言学习中意义显著。本章大量回顾了出国学习和语言熟练度发展间关系的相关研究，可以看出，在国内外的很多领域都有大量的学者支持外语专业的学生出国深造，从而在国外语言环境中获得语言能力的提高。Carroll认为，"出国学习对于第二语言的学习会带来积极的正面影响"；Brecht、Davidson、Ginsberg、Freed、Guntermann、Lafford和Ryan发现，出国学习会对第二语言学习者的口语流利度产生影响；Diller、Markert、Freed、Guntermann、Ryan、Landford和Spada发现，出国学习会对第二语言学习者的语法知识学习和使用产生影响；Lennon、Mohle、Raupach和Tonkyn发现，出国学习会对第二语言学习者的语言熟练度的各个方面产生影响。

另外，研究者也通过对文献的回顾得出了出国学习的重要意义，即既可以在国外的语言环境中和母语使用者进行有效的交流，又可以将自己沉浸在外语的环境中，不断进步。许多研究结果都表明，出国学习对于第二语言的语言熟练度的发展会产生巨大的影响。关于出国学习中的英语学习的研究为文化在英语学习中的作用提供了更多的可借鉴内容。在欧洲和北美的外语教育中，文化教育受到普遍的重视。通过出国学习，学生既可以接触该国的人民，又可以获得使用该外语的机会。有一定语言基础的学生在文化敏感度上也会稍强，这在一定程度上也会促进学生的语言和文化学习。因此，在出国学习过程中学生们语言熟练度的发展和对文化的学习效果，在当前的外语教学和研究中显得至关重要，意义深远。

在对已有文献分析和借鉴的基础上，本书下面的章节将对参加出国学习项目学生的第二语言习得发展变化情况展开研究。图2.11为文献研究支撑框架图。

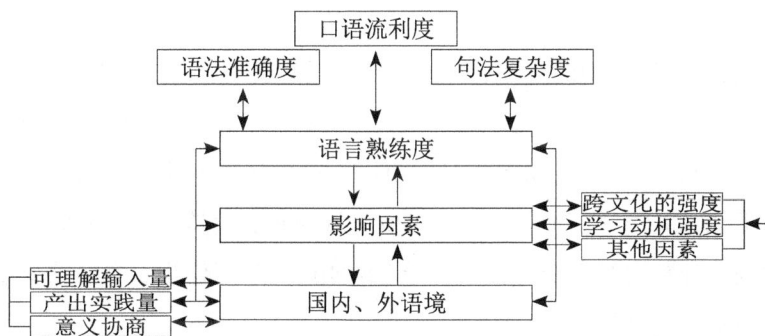

图2.11 文献研究支撑框架图

第3章 研究设计

3.1 研究介绍

本研究涉及的短期出国学习项目由中国留学机构及加拿大纽宾士域大学主办，在2011年该项目进行期间，研究者正在加拿大纽宾士域大学进行访学，在该大学语言中心Susan老师帮助下，对此项目进行了全程跟踪和研究，并获得了第一手的数据和相关资料。本研究以中国所选派的45名大学生为研究对象，并将这些留学生前往加拿大纽宾士域大学进行为期四周的学习作为研究的整个过程，进行数据的收集和信息的采集。

在此过程中，研究者通过对选派的45名大学生文化敏感度、学习动机及与寄宿家庭的关系等的考察，采集他们出国学习前和回国后的相关数据，用以研究学生们经历短期出国学习后的文化敏感度发展变化情况；与此同时，通过问卷调查的方式选定其中7名学习经历及学习背景相似的学生，对比分析其在加拿大短期出国学习项目前、后不同时期英语语言使用的口语流利度、语法准确度和句法复杂度等情况，力求发现出国学习对留学生们英语语言能力变化所产生的影响，进一步研究他们在短期国外学习后的语言熟练度发展情况；通过观察学习者在第二语言环境中正在做些什么，或者观察与其交谈的对象和在交谈中正在完成些什么，去概念化地理解语境，而不是简单地通过学习者和第二语言的接触量来看学习者使用第二语言的频率，对语境在第二语言学习过程中所起到的作用加以强调，来研究语境在第二语言学习过程中的辅助作用。

3.1.1 研究对象

本研究的所有研究对象均为在校大学生，年龄在18岁到25岁之间，母语为汉语。教学大纲要求大学生必须在大学一、二年级完成四个学期的大学英语课程。今天的大学英语教学注重培养语言交际能力，主张培养全面的语言运用能力，听、说、读、写、译能力缺一不可。因此，研究对象在参加项目前基本上都有不止一年的英语学习经历。也正因为学习英语的经历和背景不同，研究对象的语言熟练度程度迥异。

本研究得到了加拿大纽宾士域大学的大力支持，研究对象为2011年度参加短期出国学习项目的45名学生。根据项目要求，参加项目的同学们需要提交申请表及相关材料，包括一份个人简历、一份所就读大学的导师推荐信、大学期间的学习成绩单，且各科成绩平均分85分以上。留学生个体学习背景情况见表3.1，留学生情况汇总见表3.2。

表3.1　留学生个体学习背景情况

姓名	性别	年龄	专业	来自省市	年级	学习英语时间	是否参加过校外英语辅导班	是否有雅思、托福等成绩
1	男	21	理科	黑龙江省	大一	11年	是（口语）	有（雅思）
2	男	21	理科	黑龙江省	大二	12年	是（口语）	有（雅思）
3	男	18	理科	黑龙江省	大二	10年	是（雅思）	有（雅思）
4	男	20	理科	黑龙江省	大一	11年	是（雅思）	有（雅思）
5	男	20	理科	黑龙江省	大二	12年	是（托福）（GRE）	有（GRE）
6	男	20	理科	辽宁省	大二	12年	是（口语）	有（托福）
7	男	21	理科	辽宁省	大二	12年	是（口语）	无
8	男	21	理科	辽宁省	大二	12年	是（托福）	有（托福）
9	男	21	理科	辽宁省	大一	11年	是（托福）	有（托福）
10	男	22	理科	湖北省	大二	12年	是（雅思）	有（雅思）

我国留学生在加拿大短期学习经历中英语熟练度变化的研究

表3.1（续）

姓名	性别	年龄	专业	来自省市	年级	学习英语时间	是否参加过校外英语辅导班	是否有雅思、托福等成绩
11	男	21	理科	湖北省	大二	12年	是（口语）	有（托福）
12	男	21	理科	湖北省	大一	11年	否	有（托福）
13	男	22	理科	北京市	大二	12年	是（高考）	无
14	男	20	理科	北京市	大二	12年	是（雅思）	有（雅思）
15	男	17	理科	北京市	大二	9年	否	有（雅思）
16	男	21	理科	北京市	大一	11年	否	无
17	男	21	文科	北京市	大二	12年	是（口语）	有（SAT）
18	男	21	文科	北京市	大二	12年	是（雅思）	无
19	男	21	文科	江苏省	大二	12年	否	有（雅思）
20	男	22	文科	江苏省	大一	11年	是（托福）	有（雅思）（托福）
21	男	22	文科	海南省	大二	12年	是（口语）	有（雅思）
22	男	21	文科	四川省	大一	11年	是（雅思）	无
23	男	21	文科	浙江省	大二	12年	是（托福）	有（托福）
24	男	20	文科	浙江省	大二	12年	是（高考）	有（托福）
25	女	19	理科	四川省	大一	10年	是（口语）	有（雅思）
26	女	20	理科	四川省	大二	12年	是（高考）	有（雅思）
27	女	21	理科	海南省	大二	12年	是（雅思）	有（雅思）
28	女	21	理科	辽宁省	大一	11年	是（口语）	无
29	女	21	理科	辽宁省	大二	12年	否	有（雅思）
30	女	21	理科	辽宁省	大二	12年	是（托福）	有（托福）
31	女	21	理科	湖北省	大一	11年	是（口语）（高考）	有（托福）
32	女	18	理科	湖北省	大一	9年	是（托福）	有（托福）
33	女	17	理科	湖北省	大一	8年	是（高考）	无
34	女	20	理科	浙江省	大一	11年	是（口语）	无
35	女	22	理科	浙江省	大二	12年	是（雅思）	有（雅思）

表3.1（续）

姓名	性别	年龄	专业	来自省市	年级	学习英语时间	是否参加过校外英语辅导班	是否有雅思、托福等成绩
36	女	21	理科	江苏省	大二	12年	否	有（雅思）
37	女	21	理科	江苏省	大一	11年	是（高考）	无
38	女	21	理科	甘肃省	大二	12年	是（口语）	无
39	女	21	文科	甘肃省	大二	12年	否	有（雅思）
40	女	21	文科	河南省	大二	12年	是（雅思）（GRE）	有（雅思）（GRE）
41	女	21	文科	河南省	大二	12年	是（高考）	有（托福）
42	女	22	文科	吉林省	大二	12年	是（口语）	有（雅思）
43	女	21	文科	吉林省	大一	11年	否	有（雅思）
44	女	20	文科	广东省	大二	12年	是（口语）	有（托福）
45	女	20	文科	广东省	大二	12年	是（雅思）	有（雅思）

表 3.2　留学生情况汇总

	年龄		性别		年级		专业	
	18岁以下	18～22岁	男	女	大一	大二	理科	文科
人数	5	40	24	21	15	30	21	15
占比	13.1%	86.9%	52.2%	47.8%	32.6%	67.4%	45.7%	54.3%

　　本研究采集了这45名同学在项目开始前和项目结束后两个阶段的文化敏感度、学习动机及与寄宿家庭关系等相关研究数据，用以研究学生们经历了短期出国学习后文化敏感度的发展变化情况。

　　为了更进一步研究研究对象语言熟练度的发展情况，研究者采用目标取样法，根据问卷调查结果选定其中7名学习背景与学习经历基本相似的学生组成留学小组，对他们为期四周的整个出国学习过程进行全程跟踪，采集相关数据。留学小组成员具体学习经历简介见表3.3（为了保护个人隐私，分析中均使用化名）。

表3.3　留学小组成员具体学习经历简介

姓　名	具体学习经历简介
李　冰	在研究项目开始时，李冰十八岁，是一名国际研究专业一年级学生。在加入此项目之前，她仅仅在学校学习过英语。她前往过英语国家两次：一次是参加为期三周的加拿大家庭住宿项目；一次是为期一周的塞班岛旅游
游程杰	在研究项目开始时，游程杰二十一岁，是一名高职学院国内经济专业二年级学生。在加入此项目之前，她正在一家私立英语学校参加课外的口语补习班。她前往过英语国家两次：一次是去关岛旅游三天；另一次是前往塞班岛潜水，游玩五天
张　丽	在研究项目开始时，张丽十九岁，是一名国际研究专业一年级学生。在加入此项目之前，她不仅在学校学习英语，还在一家私立学校补习英语，为大学英语四级考试做准备。她曾经去关岛旅游五天
朱晓静	在研究项目开始时，朱晓静十八岁，是一名国际研究专业一年级学生。除了在初中和高中学习过英语，她还参加了私立英语会话学校和补习学校的学习，并正在为大学英语四级考试做准备
陈　述	在研究项目开始时，陈述十九岁，是一名国际研究专业二年级学生。除了在初中和高中学习过英语，她还参加了私立英语会话学校的学习，并正在为大学英语四级考试做准备
李小萌	在研究项目开始时，李小萌二十一岁，是一名科学专业三年级学生。在加入此项目之前，她从没有参加过课外的英语学习，也没有任何的出国学习经历
谢　莉	在研究项目开始时，谢莉二十岁，是一名国际研究专业二年级学生。在加入此项目之时，她正在英语会话学校补习，而且参加过大学入学英语考试的补习。她曾经去美国旅游十天。她的父母均有过国外生活的经历，都是英语老师

3.1.2　短期出国学习项目介绍

拥有着丰富而悠久的历史文化和良好学术环境的加拿大纽宾士域大学于1785年建校，是一所综合类大学，提供包括语言学习、本科、硕士、博士的80个不同领域的课程；拥有圣约翰和弗莱两个校区，是加拿大最早创建的大学之一；在校学生超过11 500人，有来自世界上100多个国家的学生曾在这里学习和生活。

参加过项目的学生们及其家长，在项目结束后反馈，短期留学不仅可以帮助学生们提高语言学习能力，还可以帮助学生们更好地了解英语国家的各种文化。而学生们所在的大学和教育行政管理者们认为：加拿大的纽宾士域省移居者非常少，且城市中居民基本上都是英语母语者，为学生们学习英语提供了最好的环境；在与寄宿家庭共同生活的过程中，学生们可以融入当地的文化生活中，为理解不同文化提供了最好的机会。由于本研究得到了国际交流中心的大力支持，每个阶段的数据收集，无论是国内还是国外的数据收集，都是在项目的负责老师的监督和帮助下完成的，因此数据的收集比较完整和顺利。

为了让学生更好地了解加拿大文化，提高英语语言能力，该项目分成三个主要的阶段，具体学习情况见表3.4。

表3.4　具体学习情况

时间	分组情况	住宿情况	学习内容
八月第一周 8月1日至 8月7日	每组1~2人	寄宿家庭	上午：每天三小时的英语语言课程
			下午：参加与加拿大文化生活相关的实践活动
			晚上：体验加拿大家庭生活
			最后两天：前往寄宿家庭成员工作地点考察
八月第二周 8月8日至 8月14日	分成三组	圣约翰校区的宿舍	上午：课程学习
			下午：文化体验活动课
			每周二、四、六晚上：参加晚会
			周日：游玩温哥华
八月第三周 8月15日至 8月21日			上午：课程学习
			下午：文化体验活动课
			每周二、四、六晚上：参加晚会
			周日：毕业告别仪式
八月第四周 8月22日至 8月28日	分成两组	温哥华的宾馆	第一天：游览加拿大温哥华市市貌
			第二天、第三天：分组学习
			第四天、第五天：参观博物馆、科技展厅等
			最后一天：告别宴会

第一阶段：学生们被安排在寄宿家庭中居住一周。这些寄宿家庭坐落在与大学相同的区域，学生以1~2人为一组，与寄宿家庭共同生活。

在这一周的前三天里，学生们要完成每天两小时的英语语言课程学习，内容既包括英语的语音、语法、口语等，也包括加拿大文化及历史等。时间为早上九点至十一点，内容围绕学生所了解的加拿大文化展开，或是要求学生做有关加拿大文化的演讲，或是介绍一段跟社会生活相关的内容。在讨论的过程中，学生们要自由准备一段中国文化介绍，还要参加一次关于加拿大生活的讨论，以及关于加拿大政治体系的分析讨论。

每天下午，学生们都参加一些与加拿大文化生活相关的实践活动，如参观当地传统的农场、游览当地名胜古迹、参观当地一些知名企业，等等，以此来帮助学生们更多地了解加拿大文化的多样性。晚上，学生们要和寄宿家庭成员在一起，体验寄宿家庭的常规生活。

在第一阶段的最后两天，学生们和这些寄宿家庭的成员一同去他们所工作的公司体验生活，来完整地感受加拿大人的日常生活和工作状况。

第二阶段：在接下来的两周里，学生们住在纽宾士域大学圣约翰校区的宿舍里，尽管是暑假，此时仍有当地学生在校居住。学生们在这一阶段被分成三组，进行为期两周的课程学习，以获得不同的具体生存技能。这些课程包括烹饪、舞蹈、珠宝制作等。每节课三个小时，都是在上午进行。Kim认为，安排这些课程是为了让学生们可以"通过技能的发展来提高语言能力"。这是因为，学生们为了学到感兴趣的技能，就要和母语者不停地沟通，进行提问、质疑、回答、交流，以获得想要学习的知识。

下午的时间相对自由，除了三个下午的文化体验活动课外，学生们可以去参加自己感兴趣的活动。本阶段的每周二、四、六晚上，纽宾士域大学会为学生们举办不同的晚会，学生们可以体验到国外大学生丰富的课外活动。除此之外，一个周日去温哥华游玩，另一个周日参加毕业告别仪式。

第三阶段：学生们在温哥华的宾馆里居住一周。学生们在本周的第一天游览加拿大温哥华市市貌之后根据个人申请被分为两组，一组学习加拿大艺术、文化和历史；另一组学习商业、通信和科技课程。接下来的两天里，各组的学生们或是去参观博物馆、美术馆、历史遗址，或是走访商业中心、科技展厅、通信制造企业等，去参观与各自的研究话题相关的领域。当然，在参观的同时学生们也尽情地游览了加拿大温哥华市的市貌。第四周的最后一天为告别宴会，结束整个学习过程。

3.2　研究问题

由本书第2章文献综述和已搭建的理论框架，研究者发现，经历过出国学习的学生通常会在口语熟练度上取得进步，会产生强烈的语言学习动机，对新接触的文化也会产生共鸣。研究者还发现，在出国学习中使用目的语言进行交流的机会也会增多，这对学生语言能力的提升也会起到积极的促进作用。同时，文化敏感度、学习动机强度、与寄宿家庭关系等影响学生学习能力的因素的改变，也会对学生语言能力的提升产生影响。为了更好地解释这些假设，本研究拟提出以下三个问题。

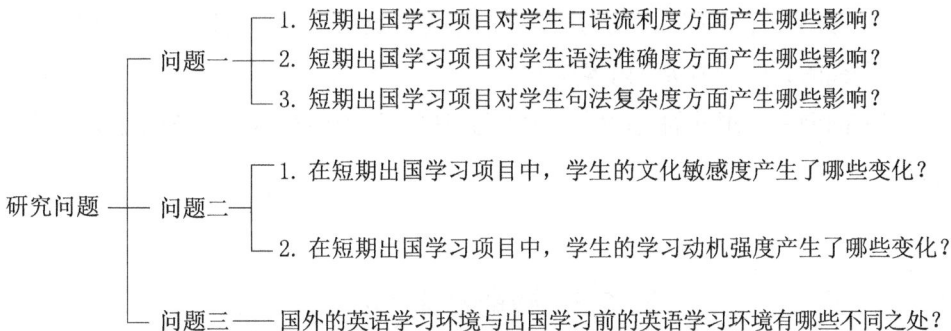

```
                    ┌ 1. 短期出国学习项目对学生口语流利度方面产生哪些影响？
          问题一 ────┼ 2. 短期出国学习项目对学生语法准确度方面产生哪些影响？
          │         └ 3. 短期出国学习项目对学生句法复杂度方面产生哪些影响？
          │
          │         ┌ 1. 在短期出国学习项目中，学生的文化敏感度产生了哪些变化？
研究问题 ──┼ 问题二 ──┤
          │         └ 2. 在短期出国学习项目中，学生的学习动机强度产生了哪些变化？
          │
          └ 问题三 ── 国外的英语学习环境与出国学习前的英语学习环境有哪些不同之处？
```

研究者从参加项目的45名大学生中选择了7名学生组成"留学小组"，作为语言熟练度变化研究对象。研究者对这些学生的语法准确度、句法复杂度和口语流利度进行分析，力求发现并验证出国学习对于学习者的外语学习会产生哪些影响。

研究问题一：在短期出国学习项目中学生语言熟练度有哪些改变？

（1）短期出国学习项目对学生口语流利度方面产生哪些影响？

（2）短期出国学习项目对学生语法准确度方面产生哪些影响？

（3）短期出国学习项目对学生句法复杂度方面产生哪些影响？

关于出国学习的研究表明，学生们在国外不同的学习经历也带来了不同的学习结果。文化敏感度似乎与出国学习的学生们对文化的不同反应有密切关系。众所周之，学习动机在学生语言的学习过程中起着至关重要的作用，但是关于学习动机与语言、文化的学习的关系，迄今为止研究甚少。而且，关于短期学习项目中学生与寄宿家庭关系对学生语言习得的影响，也没有展开广泛的研究。因此，本研究也将重点研究以下问题。

研究问题二：在短期出国学习项目中哪些主要因素引起了学生语言熟练度的变化？

（1）在短期出国学习项目中，学生的文化敏感度经历了哪些变化？

（2）在短期出国学习项目中，学生的学习动机强度经历了哪些变化？

如果语境被理解为学习者和第二语言的学习环境之间的关系，那么无论是学习者还是第二语言的学习环境都会对第二语言的学习产生影响。基于这一点，任何学习者第二语言的改变，都可能对第二语言的学习环境产生影响。如果变化发生在第二语言的学习环境中，既然第二语言的学习环境可以被理解为"帮助第二语言学习的外部条件"，我们可以很容易地在这些语境中找到这些外部条件。故，本研究的另外一项研究内容如下。

研究问题三：国外的英语学习环境与出国学习前的英语学习环境有哪些不同之处？

3.3 数据收集方法

数据的收集工作为期六周，其中国内部分的数据收集由研究者委托哈尔滨工程大学朱殿勇老师辅助完成，加拿大部分的数据收集于研究者在加拿大纽宾士域大学进行访学时进行。采用问卷调查法、图片排序法、访谈法等方法，运用定量分析和定性分析相结合的研究方法，针对语法准确度、句法复杂度和口语流利度展开研究。

本研究在数据收集的过程中，注重观察研究对象在国外学习过程中怎样自我定位，并怎样被国外的语言学习环境定位，旨在通过分析找出短期出国学习项目中文化敏感度、学习动机强度及与寄宿家庭的关系等变量与学生的语言熟练度的变化之间的关系。

3.3.1 语言熟练度变化收集方法

1.问卷调查法

问卷调查法（questionnaire survey）也称问卷法，指调查者为了了解某一具体情况，或者为了征询被调查对象观点看法，运用统一的问卷向调查对象提问，进而收集到第一手材料的研究方法。研究者可以根据所要研究的具体问题，制作问题表格，以邮寄、当面采访或访问等形式让被调查者完成问卷，从而了解被调查者的观点和看法。有时候问卷调查法也被称为"问题表格法"。

问卷中的问答一般有三种主要的类型。

第一种为开放型问答。问卷的设计者对于调查问卷不预先给出答案选项，而是请被调查者根据自己的观点和看法给出答案。其最大的优点就是可以充分发挥被调查者在答题过程中的创造性和主动参与性。

第二种为封闭型问答。调查者要在开始调查之前根据自己所要调查的内容设计出可能出现的答案，被调查对象在完成问卷时只需要根据已经给出的答案作答，不需要额外给出题中没有的答案。

第三种为混合型问答。它实际上是开放型问答和封闭型问答的结合。它既可以充分调动被调查对象的积极性与主动性，又可以客观性地为被调查者提供备选答案。

在本研究中，研究者在项目开始前对每名研究对象都进行了五分钟的面试：每一名研究对象都需要完成一张调查问卷，用于挑选有相同学习经历、学习背景的研究对象进行个案研究。每名研究对象的谈话问题相同，会被问及教育背景和外语学习背景，包括过去学习外语的时间、是否前往过英语国家及去过多久、是否还进行过额外的外语学习等。谈话都被录音了，之后被整理成了文字。

2.图片排序法

本研究设计的图片排序过程如下：研究者向研究对象进行简单的任务讲解，要求其完成相关任务内容。然后，研究者发给研究对象一组图片，请各小组讨论故事内容，确定故事发展的正确顺序，然后给图片排出顺序；接下来请各小组根据图片轮流复述故事。根据Lennon的研究建议，在讨论和准备过程中，研究对象可以向研究者提出问题，但在准备结束后将没有机会再提问。两分钟后，研究对象被要求讲述这一组图片的故事内容。当第一组图片的故事内容的讲述结束后，研究对象马上会被给予第二组图片。研究者将对研究对象讲述图片的故事内容的过程进行全程录音，并整理成文字，以获得研究对象的语言发展变化数据样本。

在本研究中共使用3组图片，但是研究对象只被要求对其中的两组图片进行讲述。例如：八月上旬研究对象被要求讲述的是图片B和C，那么在八月下旬其则会被要求讲述图片A和C。本研究中所使用的图片来自加拿大纽宾士域大学语言培训中心，所有图片都是该中心被替换掉的以往口语考试使用的图片。

3.访谈法

访谈法（interview）又称晤谈法，是指采访者和受访人面对面地使用语言进行交谈，采访者通过受访者的语言表述形式和内容来了解其心理和行为的心理学基本研究方法。访谈法是一种研究性的交流活动，是一种通过采访者与受访人之间的沟通与互动获得调查资料的调查方法。通过访谈，研究者可以获得更深层次的交流信息。这种数据的收集方法与问卷调查法相比更加直接、经济。与其他调查方法相比，访谈法具有以下特点：面对面的双向互动；访谈过程比较灵活；有利于发挥主动性和创造性。

访谈法是一种通过沟通而获得资料的调查方法，不但可以了解当时当地正在发生的社会现象，而且可以了解过去和外地曾经发生过的社会现象；不但可以采用标准化的访谈方式进行定量研究，而且可以采用非标准化的访谈方式进行定性研究；不但可以了解受访人的主观动机、感情、价值观念等方面，而且可以了解受访人的各种行为、事实；不仅可以获得访问提纲涉及的信息，有时还可以得到一些超出访问提纲范围的受访人的自发性回答提供的意外资料。因此，与其他调查方法相比，访谈法的应用范围更广泛。

另外，访谈法比较适用于小范围内的调查。由于访谈法需要投入较多的人力、物力、财力和时间，大规模的访谈调查受到一定限制，所以访谈法一般在调查单位较少的情况下采用，且常与其他方法结合使用。

　　根据研究问题的性质、目的、对象的不同，访谈法具有不同的形式。访谈法一直广泛地应用于社会学、教育学、心理学等领域。在越来越多的社会科学研究回归质性研究方法的今天，访谈法也因运用面广、能够简单而迅速地收集多方面的工作分析资料等特点越来越受到研究人员的重视和青睐。

　　在本研究中，研究者通过访谈的方式对研究对象的学习方法、学习习惯、遇到的困难、学习动机、学习目的，以及在出国学习的过程中的一些能力变化的心得体会等进行提问，以此来获得相关研究数据。在访谈的过程中有结构化访谈，研究者预先准备好问题，请研究对象回答。如："你在出国之前是否有过英语学习的经历？""这是你第一次出国学习吗？"事先准备好备选答案，只需要研究对象一一作答即可。另外，也采用了样本结构化访谈，具体问题事先准备好，但是允许研究对象有变动和发挥。如："你认为最好的外语学习方法是什么？""你对于英语所代表的文化持什么样的态度？"

3.3.2　中介语发展影响因素数据收集方法

1.文化敏感度数据收集

　　陈国明和斯特罗斯塔认为文化敏感度是一个相对独立的概念，在情感层面上能够不断地促进个体行为者去接受、理解不同的文化概念和文化背景。人们对于不同的文化敏感度不尽相同。K. Cushner设计了跨文化敏感度量表（inventory of cross cultural sensitivity，ICCS），成为广大跨文化交际领域专家进行研究时的可借鉴内容。本研究中，在学生们离开中国前和完成出国学习回到中国后，研究者请学生们完成了跨文化敏感度量表。本研究采取K. Cushner的ICCS量表，运用SPSS软件对研究对象在加拿大短期出国学习项目中的文化敏感度变化情况进行分析。测量方式采用里克特量表（Likert scale）[1]。研究对象的文化敏感度用具体的分数表示，分数越高，文化敏感度越高。

---

[1] 里克特量表的编制方法是由 Rensis A. Likert 于 1932 年提出来的。在该量表中，被测试者对一些问题的态度不再是简单的同意或者是不同意两类，而是将赞成度分成若干类，范围从非常赞成到非常不赞成，中间为中性类。由于类型增多，人们在态度上的差别就能充分体现出来。另外由于其比较简单，被测试者完成起来也较为省时间。因此，里克特量表是意见或态度研究中最常见的量表之一。

2.学习动机强度数据收集

在对第二语言或者外语学习的研究中，学习动机是一个重要的学习者因素，也因其可变性受到众多研究者和教师的关注。在Gardner的经典模式中，学习动机有三个成分：学习动机强度、学习语言的愿望、对语言学习的态度。

本研究中研究者在学生们出国前和回国后请学生们分别完成了旨在测量学生学习动机变化情况的调查问卷，并使用SPSS软件对所收集到的数据进行了分析。调查问卷共九道题目，学生要对描述如"我在英语学习方面特别努力"在从"很不同意"（1）到"很同意"（5）的里克特五级量表中进行选择。此次调查问卷基于Masgoret和Gardner（2004）关于语言学习动机的调查问卷设计而成。

3.与寄宿家庭关系数据收集

本研究中学生们按照要求完成了一份与寄宿家庭关系调查问卷。研究者使用SPSS软件对所收集到的数据进行了分析。此调查问卷共包括七道题目，内容由研究者根据研究目的设置。由于寄宿家庭的情况各不相同，因此学生们在回答中表现出了不同的态度和看法。此调查问卷采用了里克特五级量表，有从"很不同意"（1）到"很同意"（5）五个选项供选择。题目包括"寄宿家庭非常鼓励我使用英语和她们进行交谈""我的寄宿家庭喜欢耐心地倾听我用英语表述观点"等。

3.3.3 第二语言接触量数据收集方法

为了验证研究对象通过文本媒体与第二语言的接触量（文本媒体接触量）、研究对象通过与其他人交流与第二语言的接触量（人类互动接触量，或高输入接触量）对语言学习的影响，本研究使用了问卷调查法收集相关数据。

表3.5为在国外语境中第二语言接触量调查表。

表3.5　在国外语境中第二语言接触量调查表

请填写在过去的两周里你参加过多少次这样的活动。 PLEASE WRITE DOWN HOW MANY TIMES IN THE PAST TWO WEEKS YOU PARTICIPATED IN THIS ACTIVITY.	
活动 ACTIVITIES	次数 TIMES
听英语广播（如：新闻、天气预报等） LISTENED TO THE RADIO IN ENGLISH （EG., NEWS, WEATHER,ETC.）	
观看英语电视节目（如：戏剧、连续剧等） WATCHED TV IN ENGLISH （EG., DRAMAS, SERIES, ETC.）	
与他人使用英语进行交谈 HAD A （SHORT OR LONG） CONVERSATION IN ENGLISH	
在参观中使用英语点餐 ORDERED A MEAL IN A RESTAURANT IN ENGLISH	

　　有四种与语言的接触量相关的测量方法，用来描述不同语境中的语言接触量。

　　第一种测量方法为用调查问卷记录研究对象参加文本媒体交流活动的频率。文本媒体交流活动包括听收音机、看电视、看电影、读报纸、读书、阅读时刻表、阅读手册、阅读说明书、上网阅读信息、读信件、写信、填写申请表等。如果研究对象完成的调查问卷显示其通过收音机收听英语广播3次，看英语电视节目2次，通过网络用英语浏览信息10次，那么这名研究对象在本次报告中的文本媒体接触量总共为15次，共有3种文本媒体接触类型。

　　第二种测量方法要求研究对象记录参加高输入交流活动如参加社会活动、接电话、给别人打电话、旅游、从别人那里接收信息、参加讨论活动、点餐、问路、被别人问路、和陌生人说话、参加游戏或比赛、课堂发言等的频率。其核定方法与文本媒体接触量的相同，如：在调查问卷中研究对象被要求至少报告一项高输入交流活动，作为所接收到的一种高输入接触量。

　　第三种测量方法是计算研究对象通过对话得到的高输入接触量的百分比。将研究对象任意一份调查问卷中参加对话次数除以所有高输入交流活动次数。例如，如果一位研究对象在调查问卷中报告参加了5次对话，参加的所有高输入交流活动次数为10（包括对话），那么其通过对话得到了50%的高输入接触量。

第四种测量方法中高输入接触量的核定场所为教室，用研究对象在课堂上的发言次数除以其在调查问卷中报告的所有高输入交流活动的总次数，将计算结果作为核定结果。

3.3.4 数据收集时间表

本研究数据的收集工作开始于七月末，数据收集时间表见表3.6。

表3.6 数据收集时间表

时间	内容	样本次数	地点
七月末 7月25日至 7月31日	1.学习经历调查问卷 2.跨文化敏感度量表 3.学习动机强度调查问卷 4.口语能力测试问卷	一	（国内） 随学生报名表一同完成
八月第一周 8月1日至 8月7日	1.图片排序 2.第二语言接触量调查问卷	二	（国外） 纽宾士域大学语言中心
八月第二周 8月8日至 8月14日	1.图片排序 2.第二语言接触量调查问卷	三	（国外） 纽宾士域大学语言中心
八月第三周 8月15日至 8月21日	第二语言接触量调查问卷	四	（国外） 纽宾士域大学语言中心
八月第四周 8月22日至 8月28日	1.图片排序 2.第二语言接触量调查问卷 3.口语能力测试问卷	五	（国外） 纽宾士域大学语言中心
九月第一周 8月29日至 9月4日	1.跨文化敏感度量表 2.学习动机强度调查问卷 3.第二语言接触量调查问卷 4.与寄宿家庭关系调查问卷	六	（国内） 随学生反馈表一同完成

3.4　数据分析方法

瑞典教育学家Husen于20世纪初提出了"可定量化的研究"，这种研究模仿了自然科学的研究过程，强调在数学工具的辅助下完成数据的分析，来确定被研究内容之间的因果关系，做出可以量化的合理解释。还有一种研究，Husen将其研究方法确定为"通信说明"，站在人文科学的角度，注重定性的研究。在后来的研究中，人们在使用和研究过程中将这两种研究定义为定量研究（quantitative approach）和定性研究（qualitative approach）。Nunan认为，"所有的存在都可以由一定的数量来表示"，即建议研究者对所收集到的第一手材料进行定量和定性的双重分析。

3.4.1　定量研究与定性研究的研究模式

定量研究的精髓是强调将事物的本质特点用数量进行描述，然后在对数量进行分析、核对、比较、解释等的过程中获得所研究内容的最终结果。Kleining认为，定量研究是科学研究的重要研究方法，在研究过程中以数量的符号模式作为基本手段去测量，进而确定事物的某种特质。

定性研究是指研究者根据所采集到的多种材料，以自己为分析工具，对社会现象进行研究，得出关于社会构建的合理解释的研究过程。根据Westmarland的观点，定性研究是根据事物的内在规律来对事物进行描述、解释的过程，最终得出事物的本质特征。

在定性研究过程中，研究者可以发现它将自然主义研究范式作为理论基础；定量研究往往以理性主义研究范式作为理论基础。表3.7直观地将定性研究与定量研究的区别加以呈现。

表3.7　定性研究与定量研究的区别

	定性研究	定量研究
理论基础	自然主义研究范式	理性主义研究范式
价值与研究	研究受价值标准制约	研究不受价值标准制约
特性	描述性	量化方法
关注重点	研究过程	研究前后的相关性
研究者与研究对象的关系	相互接触、影响密切	相互独立、彼此分离
研究情景	自然情景	有控制的情景
表达形式	文字表达	数据表达
收集方法	观察、访谈、查阅文献、收集实物等	测试、问卷调查、试验、统计报表等
分析方法	归纳法	演绎法

　　从理论上来讲，定量研究和定性研究壁垒分明，但是在实践中这两种方法常常混合在一起使用，很难绝对地分开。尤其是近三十年，越来越多的研究者为了取得更加可信的研究成果而在研究中采用定量分析与定性分析相结合的研究方法。

　　本研究采取了定量分析与定性分析相结合的研究方法，从不同角度和不同层面对出国学习过程中语言熟练度的发展变化情况进行探讨。定量分析基于数字化，能够很好地根据被研究对象的不同数据量值分析现象，客观地说明问题。而定性分析是分析过程的重要组成部分，数据具有一定的说服力，它可以用相关文献理论来解释不同数据存在的原因和现象，更加清晰准确。采用定量分析与定性分析相结合的研究方法，可以让本研究的设计和问题的确定更有灵活性，从而提高研究结果的可靠性。

3.4.2　本研究数据分析方法

　　本研究采用了定性分析和定量分析相结合的研究方法，目的是客观准确地完成研究，得出正确的结论。采用这种研究方法可以从不同角度或不同层面对研究问题进行更加全面的探讨，以期获得对研究对象的不同层面资料和数据的支撑和诠释，同时可以让本研究的设计更具有人文特征，依靠对不同类型的原始资料加以全方位的分析来提高研究结果的信度和效度。

在对研究对象语言熟练度发展的相关数据进行收集后，运用定性研究的方法对其进行分析。首先，对相关文献进行回顾，对与本研究相关的现有的研究理论进行总结和参考，进行纵向研究、横向比较、趋势分析等，以期在研究过程中得到理论上的支持。其次，通过访谈筛选出学习背景和学习经历基本相似的学生作为留学小组，当作语言熟练度发展的个案研究对象，在对语言熟练度发展的研究中进行详细分析，得出相关研究结论。最后，在项目进行过程中按照不同研究目的，分别请研究对象完成图片排序任务，并对其回答进行录音、记录、整理、编辑，获得第一手资料。对出国学习动机用定性研究的方法展开分析。

本研究对研究对象进行了问卷调查，并对信息进行了整理、分类，获得了第一手文字材料，采取定量研究的方法对收集到的数据进行分析。先对收集到的数据进行一般性描述，然后对数据进行统计分类，并制作统计图表。接下来进行深入的分析，将研究对象出国前的数据作为试验前测内容，将研究对象回国后的数据作为试验后测内容，通过方差分析来对比研究对象出国前后数据的变化情况，求出两组数据是否有显著性差异，最后得出本研究的相关结论。

3.4.3 语言熟练度数据分析说明

在语言熟练度发展的数据分析中，本研究注重考察留学小组7名成员出国学习前后语言熟练度的发展过程，因此必须对其出国学习前后的语言输出进行比较，以检验是否有变化以及这种变化是否显著。本研究使用SPSS软件进行了配对样本T检验。T检验的临界值为$a=0.05$，对于所收集到的中介语的数据的分析将以下面的方式进行。

首先要按照如下顺序对研究对象的中介语的语法准确度进行分析：每个T单位中错误量分析，无误T单位比例分析，无误T单位平均长度分析。然后，分析研究对象的中介语的句法复杂度，分析顺序如下：T单位平均长度分析，每个T单位从句量分析。最后，以语速作为标准来核定学生的中介语的口语流利度。

对于在真实的语言学习环境中收集到的数据的分析将以如下方式进行：首先，讨论和说明留学小组中研究对象在不同语境中的文本媒体输入量和人类互动接触量。这项讨论包括对研究对象在不同语境中不同种类接触，以及在不同语境中接触种类相对较重要的一种的调查。接下来，讨论和说明在不同语境中，特别是双向交流的环境中的不同学习条件，以及它们对于研究对象语言熟练度发展的影响程度。

值得说明的是，对于中介语的相关数据的讨论和说明内容主要是7名在出国学习前具有相同学习经历和学习背景的研究对象的相关数据。但是，在分析和阐述语言学习环境相关问题时，则选择了其中的6名研究对象的数据进行。原因是其中一名研究对象在三个调查问卷中没有交还两个调查问卷，因此在数据分析时数据不够完整，所以要去掉这部分。另外，在与语境相关的数据分析中，由于在所选定的7名研究对象中，只有3名研究对象坚持对研究者所提出的问题给出答复，因此只有这3名研究对象的数据是完整的，可以用在语境研究的数据对比中。

3.4.4 语言学习环境数据分析说明

将出国学习前后的语言学习环境进行比较，最大的不同就是出国学习后研究对象的第二语言文本媒体接触量和高输入接触量明显增多。同时，在国外语言环境中，研究对象能有更多不同种类的第二语言接触方式（既有文本媒体接触方面，又有高输入接触方面）。而且，在参加出国项目之后，研究对象在国外语境中通过对话得到的高输入接触量明显高于其在参加出国项目之前通过对话得到的高输入接触量。最后，研究对象在国外语境中学习时在课堂上的高输入接触量明显低于在国内课堂上的高输入接触量。

可理解输入的程度在每一种以双向交流为主的语境中都是相似的。一方面，在以双向交流为主的语境中，由输入带来的理解在国外的语言学习环境中较在出国学习前的语言学习环境中程度稍有提高。无论是在国外的语言学习环境中，还是在国内的语言学习环境中，研究对象在以双向交流为主的语境中，表现出相似的产出量。另一方面，在国外的语言学习环境中较在国内的语言学习环境中，研究对象更经常地被要求产出输出理解量。最后，研究对象和其谈话对象在意义的协商上，在国外的语言学习环境中的多于在国内的外语学习环境中的。因此，在所阐述的以双向交流为主的第二语言学习的几项条件中，有3项条件在出国学习的语境中明显高于在国内学习的语境中。

3.5 语言熟练度的发展研究与数据分析方法

学生们在经历了短期出国学习项目后，语言熟练度会发生怎样的改变？出国学习对于学生语言能力的各个方面将会产生怎样的影响？为了找到这些问题的答案，首先，要了解在衡量学生语言熟练度上哪些是最重要的条件；然后，通过对数据的具体分析，来研究在短期出国学习期间，学生语言熟练度的发展变化情况。

3.5.1 语言熟练度的发展研究方法

Skehan认为学习者的目标主要可以划分为三个领域：语法准确度、句法复杂度和口语流利度。他将语法准确度作为最重要的学习目标，因为不准确会导致交流的障碍，会导致其他交流对象对说话者的错误理解。如果这种不准确被说话者察觉，会导致其自身对学习的灰心丧气。对于语法准确度与语言熟练度的关系，Lennon认为，"说话者语言熟练度越差，所犯的语法错误越多"。因此，语法准确度是本研究的第一方面内容。

Schachter和Celce-Murcia描述了语法准确度和句法复杂度之间的关系。在一些情况下，语言学习者会降低句型复杂度来获得更高的语法准确度。从语法准确度的角度来看，Lennon认为，"语言熟练度低的说话者会使用简单点的句法"。同时，Skehan认为，学习者的语言表述越复杂，越能够有效、准确地表达复杂的想法。基于以上原因，句法复杂度是本研究的第二方面内容。

Skehan将口语流利度定义为"学习者在真实的交流环境中组织语言资源的能力"。口语流利度的最重要影响来自学习者的谈话对象或潜在的谈话对象。例如：Keyser研究了他的两名学生在前往西班牙学习西班牙语的项目中明显不同的表现。在与西班牙母语使用者接触的过程中，一名学生受到积极的正面影响，另一名学生受到消极的负面影响。Keyser观察到，最重要的影响因素是谈话对象的语言熟练度。因此，他认为，"这里存在着明显的不同，即调整方式和学习者所喜欢的交流方法。学习者从母语使用者身上所得到的这些不同之处，对于他们的学习方法影响很大。于是，学习者开始寻找非正式的交流方式"。因此，口语流利度是本研究的第三方面内容。

本研究将从语法准确度、句法复杂度和口语流利度三个方面来展开分析和讨论，以此来得到经过短期出国学习项目后中国留学生语言使用熟练度的变化情况。

为了能更好地发现出国学习对语言熟练度这三方面的影响，有必要识别出每个方面的不同之处。Hunt推出了一种全新的量化单位。他在对语句、从句、附属、内嵌结构等因素进行了分析和研究后，提出了"T单位"这一概念。Hunt指出，T单位能够客观地通过从句长度的增加或是从句的数量变化情况，核定学习者句法成熟性。在过去的二十年里，特别是最近，很多研究者，如Bardovi-Harlig，Baedovi-Harlig和Boffman，Foster和Skehan，Larsen-Freeman，Larsen-Freeman和Strom，Lennon，Menhart，Monroe，Tonkyn，Wigglesworth等，都对于语言能力的各方面进行了细致的研究。表3.8为在目前研究中语言熟练度的数据测量方法。

表3.8　在目前研究中语言熟练度的数据测量方法

研究者	时间	句法复杂度	语法准确度	口语流利度
Monroe	1975	从句平均长度 从句 / T单位 T单位平均长度 T单位 / 句子 从句数量		
Larsen-Freeman Larsen-Freeman和Strom	1983		无误T单位 T单位平均长度 词语 / 无误T单位 无误T单位比例	

表3.8（续）

研究者	时间	句法复杂度	语法准确度	口语流利度
Bardovi-Harlig和Boffman	1977	从句平均长度	词语顺序 句子成分缺失 复合句 语法形态 派生形态 词汇	
Crookes	1989	词语／语言表达 句子数量 词语顺序 从句／T单位 从句／语言表达 语言表达 从句平均长度	词语／无误T单位 无误T单位/句子总量 名词复数 定冠词 不定冠词 单复一致	交谈标记
Lennon	1990			每分钟词语数量 每个T单位中词语重复数量 每个T单位自我更正词语数量 每个T单位中更正/重复词语数量（%） 停顿时间长度 表述中平均运行长度 每个T单位中停顿数量（%） 每个T单位中平均停顿数量
Bardovi-Harlig	1992	合作、意义协商		
Lennon	1995	每个T单位中状语数量 每个T单位中介词数量 每个T单位中副词/介词数量 每个T单位中从句数量 每个T单位中情态动词数量 每个T单位中复杂句数量 每个T单位中被动语态数量		每个T单位中句子错误更正数量 每个T单位中词语选择 每个T单位中重复数量 每个T单位中改正和重复数量

表3.8（续）

研究者	时间	句法复杂度	语法准确度	口语流利度
Foster和Skehan	1996	每个复合句中从句数量 句法变化数量	无误复合句	词语重新组合 替代词语 错误 重复 犹豫 停顿 沉默
Tonkyn	1996	每个T单位中词汇数量 每个T单位中从句数量 每个T单位中非限定性从句数量 每个T单位中助动词数量 从句使用量	每个T单位中错误数量 多余词汇 无误T单位中词语数量 所有句子中无误T单位数量 名词复数 词语准确度 定冠词/不定冠词	每个T单位中重复数量 每个T单位中自我更正数量 多余词汇/非多词汇 类型标记分析 自我修复
Mehner	1998	每个从句中词语数量 每个T单位中从句数量 句子节点	每百词中错误数量 无误从句数量 词语顺序 词汇错误量	语速 话语表述的平均长度 停顿总体时间长度 停顿数量

由表3.7可知，很多研究者使用T单位作为研究的最初研究单位。因此，本研究也将使用T单位作为研究的最初单位。

关于T单位的具体概念，不同的学者给出了不同的解释，见表3.9。

表3.9　T单位的定义

定义者	时间	定义内容
Street	1971	一个主句加上它的从句、短语和单词
Young和Milanovic	1992	一个主句加上它所附带的任何从句
Young	1995	一个单句、有从句的主句、并列短语

下面的例一和例二包含相同的信息，例一由2个T单位组成，例二由1个T单位组成。

例一：<u>There was a women next door</u>, <u>and she was a singer</u>.

　　　　T单位　　　　＋　　T单位　　　＝2个T单位

例二：<u>There was a women next door</u>　<u>who was a singer</u>.

　　　　T单位　　　　　　（非T单位）　　＝1个T单位

Lennon指出，之所以选用T单位来展开研究，是因为"T单位较为客观，比其他句子和从句更容易被识别"。另一方面，Crookes提出，一些情况不属于T单位，如例三所示。

例三："Where is my hat?"

　　　　"On the table."

这种现象在技术上确实存在，Beebe在使用T单位研究口语时就发现了这样的问题。在她的研究中也出现了对T单位的分析。本研究中也用句子片段作为T单位来回答问题。

1.语法准确度

Fang yuan和Ellis认为，语法准确度是指"交流者使用语言产出的内容与目的语言内容含义相一致的程度"。用于衡量语法准确度的内容常有以下几项：

（1）每个单位中错误量；

（2）无误T单位比例（产生的话语的所有T单位中，正确T单位占全部T单位的百分比）；

（3）无误T单位平均长度。

每个T单位中错误量是对语法准确度的整体预测。Larsen-Freeman认为，无误T单位比例和无误T单位平均长度与整体的语言熟练度密切相关。为了更好地理解这些内容，下面将举例说明。

　　例四　　（A）He check his cabinet, and she go to the supermarket. She choose some vegetables and fruits. She choose the drink, and [she bought the goods][she bought]he bought the food, and [he][he][the food]he put in the cabinet [the food]the food.

在上面的示例中，说话者在谈话中不断地重复词语、短语或从句，无论是被重复一次还是多次，最后一次使用的词语、短语或从句被认为是说话者做出的最终选择。如果将例四（A）中括号[ ]内的词语全部移去，会出现例四（B）所示的文本，可以用来核定语法准确度。

例四　（B）He checked his cabinet, and she go to the supermarket. She choose some vegetables and fruits. She choose the drink, and he bought the food, and he put in the cabinet the food.

根据Lennon的观点，在错误和T单位被收集之前，非常有必要区分好错误类型和错误符号。一方面，给定的语言材料中的错误类型被认为是具体的错误，与其他的错误类型不同。另一方面，无论在这个错误类型中是否找到其他的错误，错误符号都是给定的语言材料中的错误类型的样本。例四中，有 7 个错误符号，其中的 4 个都是动词时态上的语法错误：第一个T单位中动词check的使用；第二个T单位中动词go的使用；第三个和第四个T单位中动词choose的使用。其余的 3 个错误符号中有两个是第二个和第三个T单位中人称代词she的使用（在这段文字中，说话者的交谈对象是一名男士，所以使用人称代词she是不正确的）。最后一个错误符号是名词food的位置错误：名词food的位置应该位于动词put 之后，而不应该被介词短语in the cabinet分开。对这 7 个错误符号，只能说具有 5 个错误类型，因为有两种错误在文中是重复的（动词choose 语法形态错误和人称代词she 的使用错误）。根据Lennon的观点，这些错误应该被算作错误类型，而不是错误符号。例四中有5个错误类型， 6 个T单位, 也就是说每个T单位中错误量为5/6（或83.3%）。

从无误T单位数量方面来考虑，只有那些完全没有错误符号的T单位，才可以算作完全准确的句子。因此，在例四中的 6 个句子里，只有一个完全准确的句子"he bought the food"。也就是说，说话者完全准确的句子量占全部句子量比例为1/6（或16.67%）。由于这个句子里只有 4 个单词，因此说话者的无误T单位平均长度为4。

本研究将通过对所收集到的语法准确度相关数据的进一步分析，去发现研究对象参加了出国学习项目后语法准确度有哪些变化。

2.句法复杂度

Skehan认为，句法复杂度是指"产出语言的复杂度程度"。句法复杂度的测量依据一般为在语言表述中所使用的从属句在数量上的显著程度。句法复杂度的测量有以下几项内容：

（1）词语/T单位（T单位平均长度）；

（2）从句/T单位（从句深嵌度）。

无论是研究T单位平均长度还是从句深嵌度，都是为了获得目标的句法复杂度。使用这样的参数的理由是：学习者的语言会变得越来越复杂，他们会增加更多的从句，这样在每一个T单位中会增加很多从句，同时也会增加句子中词语的使用量。

例五 （A）The woman tries to read the book. When she read {present tense} books, the glasses was broken. She went to the glasses [shops] shop with broken the glass. The shop owner [fix the] fix her glass. The glass fit her. She came out the shop, and [she go to] [she went to home] she came back her home. She can read bookses.

将例五（A）中所有括号[ ]内的词语都移去，得到例五（B），用来衡量词语的复杂度。

例五 （B）The woman tries to read the book. When she read present tense books, the glasses was broken. She went to the glasses shop with broken the glass. The shop owner fix her glass. The glass fit her. She came out the shop, and she came back her home. She can read bookses.

为了核算词语/T单位，文本中所有的文字都被计算。例五（B）中，共40个词语。与此同时，也要清晰地了解连接各个T单位的连词数量，因为这些连词不是它们所连接的T单位中任何一方的一部分。在例五（B）中，只使用了一个连词来连接句子。因此，例五（B）中一共有39个词语。接下来统计一下句子的数量。在例五（B）中一共有8个T单位。即在例五（B）中每个T单位中的词语量（T单位平均长度）为39/8（或4.875）。

为了确定从句深嵌度，要先确定文本中的独立从句数量。在例五（B）中，只有一个独立从句"when she read books"。根据T单位的定义，T单位要包含非独立从句，将独立从句的数量叠加到T单位的数量中，所以在例五（B）中一共有9个句子。从句深嵌度的计算方法：所有从句数量除以T单位的数量，得出从句深嵌度为1.125。

3.口语流利度

口语流利度的测量的内容为：词语量/分钟（语速）。

与句法复杂度和语法的准确度的数据分析方式不同，当衡量口语流利度时，研究对象语言中的起始错误，词语、短语、从句的重复将不被挑出来，所有的词语都被计算在内，将所使用的词语总量除以研究对象说话所使用的时间。

4.小结

在本研究中将参照Skehan对学习者在语言学习过程中语言熟练度发展三个维度的相关界定，对在短期留学项目期间所收集到的研究对象相关数据，从语法准确度、句法复杂度和口语流利度上展开研究，如图3.1所示。

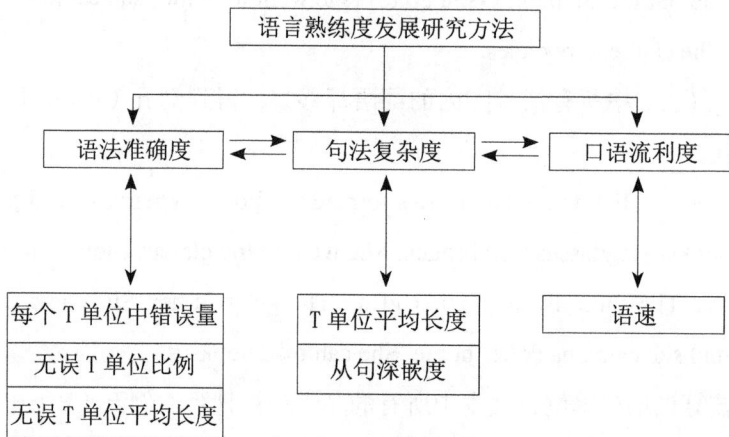

图3.1　语言熟练度发展研究方法示意图

3.5.2　语言熟练度发展的数据分析方法

为了进一步验证出国学习是否会对学习者的第二语言的学习产生影响，有必要进行一定的数据分析。对于语法准确度，将对收集到的数据中每个T单位中错误量展开分析；对于句法复杂度，将对收集到的数据中T单位平均长度和从句深嵌度展开分析；对于口语流利度，将对收集到的数据中每分钟的话语量展开分析。

在数据分析的整体安排中，首先分析验证留学小组成员的语言熟练度发展变化情况。将留学小组成员在国外学习期间（特别是在国外学习四周后）的语言熟练度数值与在出国学习前的语言熟练度数值进行比较，观察数据差值是否明显，并利用卡方检验[1]对其出国学习前后的数值进行统计分析。

其次，通过对语言熟练度发展相关数据的计算，包括无误T单位数量分析，无误T单位平均长度分析（基于语法准确度的分析），每个T单位中从句量分析（基于句法复杂度的分析），来对留学小组成员语言熟练度语言熟练度发展情况给予分析和说明。并利用方差分析来验证留学小组成员在出国学习前后语言的使用是否会立刻发生变化。

1.研究对象个体语言熟练度变化分析方法

对出国学习项目对研究对象语言熟练度变化的影响的研究由三部分构成：以研究对象每个T单位中错误量变化为标准的语法准确度分析；以研究对象T单位平均长度和从句深嵌度变化为标准的句法复杂度分析；以研究对象语速为标准的口语流利度分析。

Tonkyn在其研究中将研究对象的每个T单位中错误的变化标准设定为：高于项目开始前最大值的10%，或者低于项目开始前最小值的10%。也就是说，研究对象在项目结束后的每个T单位中错误最大值明显大于其在项目开始前的每个T单位中错误最大值的10%，或者低于其在项目开始前的每个T单位中错误最小值的10%，才可以认为其每个T单位中错误发生了显著变化。例如，如果一名研究对象在项目开始前每个T单位中错误最大值为1.23（或者每五个T单位中错误最大值为6.15），其在参加项目之后每个T单位中错误为1.25（或者每五个T单位中错误为6.25），比其在项目开始前每个T单位中错误最大值大1.63%，因此这两者之间并没有明显的不同。如果一名研究对象在项目开始前每个T单位中错误最小值

---

[1] 卡方值是非参数检验中的一个统计量，主要用于非参数统计分析中。它的作用是检验数据的相关性。如果卡方值的显著性小于0.05，说明两个变量是显著相关的。

为1.03（或者每五个T单位中错误最小值为5.15），其在参加项目之后每个T单位中错误为0.81（或者每五个T单位中错误为4.05）。其项目开始前后每个T单位中错误显示极大的不同，其在参加项目之后的每个T单位中错误比其在项目开始前每个T单位中错误最小值小21.0%，因此这两者之间数值有显著不同。

本研究中设置了以下临界值作为在为期四周的出国学习后语言熟练度变化值的最小标准：每个T单位中错误量，每五个T单位中1个错误；T单位平均长度，每个T单位中5个词语；语速，每分钟5个词语。由于没有相关文献可以借鉴，这些标准都是随意设置的，估计认为该标准为经过四周的出国学习后学习者语言熟练度的改变情况。

在本研究中，至少有50%的成员在出国学习四周后相关数值有明显的高/低变化，才能判定留学小组的中介语的确发生了变化。如果7名成员中有4名成员在出国学习后的每个T单位中错误明显小于其在出国学习前的每个T单位错误，才能说明留学小组的每个T单位中错误与在出国学习后发生了变化。

这种分析方法有以下两个优点。

其一，这种分析方法以留学小组的整体表现来解释个体的变化情况,将研究重心置于留学小组内个体学习者的表现，以此更直接地理解出国学习对个体学习者产生的影响。将研究重心置于留学小组内个体学习者表现的重要意义在于，无论是出国学习项目本身还是本研究都具有一定的自我选择特点，由于研究对象的个体能力各不相同，因此很难选择单一的研究方式来对小组整体中介语的发展展开研究。在分析方法上也要有选择性，如方差分析。由于效应幅度 f 的值受留学小组内的标准偏差值的影响，假设留学小组成员的水平各不相同，留学小组内的标准偏差值会相对较高。如果留学小组内的标准偏差值过高，那么出国学习项目对留学小组成员的中介语的影响，比对成员水平相同的小组的中介语的影响更大。如果在出国学习项目开始前，7名研究对象的平均语速为每分钟42.93个词，标准偏差值为5.02，为了使出国学习项目结束后效应幅度 f 的值达到0.325，研究对象在出国学习项目结束后语速要达到每分钟45.21个词,语速平均提高7.3%（每分钟增加3.28个词）。如果在出国学习项目开始前7名研究对象的平均语速为每分钟44.63个词，标准偏差值为10.05，为了使出国学习项目结束后效应幅度 f 的比例为38.33%，在项目结束后，第一名研究对象的无误 T 单位比例为24.56%，第二名研究对象的无误 T 单位比例为24.71%，第三名研究对象的无误 T 单位比例为22.39%，那么，该组研究对象在项目开始前的无误 T 单位比例平均值为33.68%，该组研究对象在项目结束后的无误 T 单位比例平均值为24.14%。这两项数值表现为极大的差异。

Cohen建议在进行数据分析时使用效应幅度 f，效应幅度 f 的数值使用小组平均值的标准偏差除以人数的标准偏差得到的值。Cohen认为关于方差分析（analysis of variance，ANOVA）有一种假设为不同样本的比较是平等的，所以借用标准偏差来计算效应幅度 f 可以被接受。然而，在实践中标准偏差对于样本双方没有必要完全平等。例如，在比较参加出国学习项目前后研究对象的无误 T 单位比例时，标准偏差被引入，根据研究的目的，如果效应幅度 f 的值大于0.325，介于Cohen所给出的 f 的中间值0.25和最大值0.40之间，基于对效应幅度的数值分析，可以得出整个小组的中介语在参加出国学习项目后发生了变化。

因此，在上文所讨论的例子中，效应幅度 f=1.803。由于 f 的值大于0.325，可以得出参加出国学习项目后研究对象的无误 T 单位比例发生了很大变化的结论。

3.6 语言学习环境的数据分析方法

大多数关于出国学习环境的讨论都和学习者与第二语言的接触量相关。这些围绕接触量展开的讨论的最主要方面就是"可理解输入"，因此也涉及接触类型的种类。通常意义上来说，可理解输入是第二语言学习的必要条件，但并不是唯一的。

3.6.1 出国学习语境中第二语言接触量数据分析方法

出国学习语境中第二语言接触量数据分析方法如图3.2所示。

值达到0.325，研究对象在出国学习项目结束后语速要达到每分钟51.93个词，语速平均提高15.2%（每分钟增加7.03个词）。因为不能确保留学小组所有成员具有相同的水平，所以最好将注意力集中在个体学习者的改变而不是整个留学小组的变化上。

其二，这种分析方法将研究对象参加项目前后语言熟练度的各个维度的变化都包含在内。因为有些研究对象在项目结束后的数值较在项目开始前的数值有较大不同，所以也要考虑到有多少人在项目结束后数值与在项目开始之前的最好成绩相比有变化。

2.留学小组语言熟练度变化分析方法

以留学小组中研究对象个体的每个T单位中错误量、T单位平均长度和语速来对留学小组中介语的改变来进行验证。对无误T单位比例、无误T单位平均长度、每个T单位中从句量，都采用卡方检验进行分析。之所以采取不同的核定内容，主要是因为在八月末的数据收集中，李小萌只使用了9个无误T单位，根据数量如此少的准确句子很难对影响无误T单位平均长度的因素有哪些进行验证。

本研究中验证参加出国学习项目是否会对研究对象的语言熟练度产生影响时，针对无误T单位比例、无误T单位平均长度或每个T单位中从句量，首要确定的就是研究对象在参加出国学习项目前后的数值之间是否有明显的不同。为此，每个研究对象参加出国学习项目前的核定量被合并。例如：如果一名研究对象在第一次数据收集中使用了65个T单位，在第二次数据收集中使用了36个T单位，在第三次数据收集中使用了38个T单位，那么其在参加项目之前的T单位总使用量为139个。同时，这位研究对象在第一次数据收集中使用了25个无误T单位，在第二次数据收集中使用了10个无误T单位，在第三次数据收集中使用了8个无误T单位，相加的结果为43个无误T单位，或者可以说参加出国学习项目前其无误T单位比例为30.09%。在研究对象参加出国学习项目前的各项数据被统计出来后，使用卡方检验来比较研究对象参加出国学习项目前后的数值。卡方检验使用Spass 17.0软件来核定。例如，在三名研究对象为一组的研究中，如果第一名研究对象在项目开始前的无误T单位比例为28.66%，第二名研究对象在项目开始前的无误T单位比例为32.45%，第三名研究对象在项目开始前的无误T单位

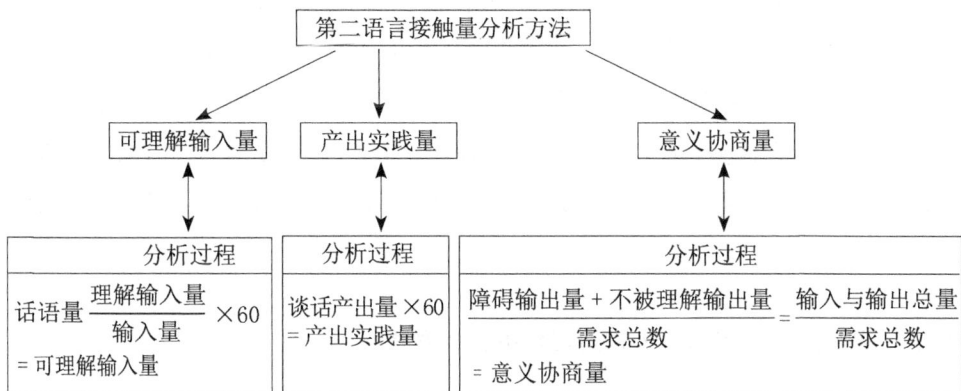

图3.2　出国学习语境中第二语言接触量数据分析方法

　　在对所收集的数据进行分析时，方法和上文所讨论过的对研究对象中介语变化的分析方法基本相似。假设一名研究对象在第一次的问卷调查中，回答本周其第二语言文本媒体接触量为15；在第二次的问卷调查中，回答本周其第二语言文本媒体接触量为8；在第三次的问卷调查中，回答本周其第二语言文本媒体接触量为10。那么这名研究对象在项目开始前，在出国前外语学习环境中的第二语言文本媒体接触量的平均值为11。同样，假设一名研究对象在项目进行期间的第一次问卷调查中，回答本周其第二语言文本媒体接触量为25；在第二次的调问卷查中，回答本周其第二语言文本媒体接触量为34；在第三次的问卷调查中，回答本周其第二语言文本媒体接触量为23；在第四次的问卷调查中，回答本周其第二语言文本媒体接触量为31。那么，这名研究对象在项目进行过程中，在国外语言学习环境中每周第二语言文本媒体接触量的平均值为28.25。

　　调查问卷中所有问题的测量值平均数被核定后，进行方差分析计算，通过对研究对象学生在国内外不同语言环境中第二语言接触量所显示的偏差，来确定国内与国外语言学习环境中的语言学习条件有无显著差异存在。假设"在国内与国外语言环境中语言学习条件相同"，如果有三名研究对象在项目开始前的问卷调查中的回答如下：在国内语言环境中的第二语言文本媒体接触量，第一名研究对象为11.02，第二名研究对象为14.36，第三名研究对象为9.73；在国外语言环境中的第二语言文本媒体接触量，第一名研究对象为28.23，第二名研究对象为31.49，第三名研究对象为25.34。另外，在参加出国学习项目前，三名研究对象在国内语言环境中，第二语言文本媒体接触量平均值为11.70；在参加出国学习项目后，三名研究对象在国外语言环境中，第二语言文本媒体接触量平均值为28.35。通过卡方检验，$F(1,4)=55.063$，$P<0.005$，P的值远远小于0.05，因此差别具有统计学意义，拒绝原假设，在国内与国外不同的语言学习环境中语言学习条件不同。

3.6.2 可理解输入量和输入理解量数据分析方法

研究对象要报告一个谈话，且在此谈话中研究对象很难理解谈话对象的话语内容。要求研究对象汇报其在谈话中的总话语量、其对谈话对象话语的理解总量，双方在交谈过程中曾经要求对方重复或解释的次数。主要有两种方式核算以下两项数据：研究对象的可理解性输入程度；研究对象由输入带来的理解量。为了衡量在某一给定语境中研究对象的可理解性输入程度，第一步就是要验证研究对象的可理解输入量。首先，通过核算研究对象在谈话中所用的总时间，来得出其获得的总输入量。例如：如果研究对象报告在一个为时5分钟的谈话中，其发言时间占谈话时间比例为20%，则其发言时间为1分钟，聆听时间为4分钟。接下来，将研究对象的聆听时间乘以其理解的谈话对象话语内容占谈话对象全部话语的百分比，就可以得出其理解输入量。例如：研究对象报告说能听懂谈话对向75%的话语，用聆听时间乘以75%得到3分钟的可理解输入量。为了得到学习者可理解输入程度百分比，可用理解输入量除以输入总量，再将得数乘以60秒，便可以得出理解输入量。因此，在上面的例子中，将3分钟（可理解输入量）除以4（总输入量），然后再乘以60秒，便可以获得可理解输入量为45。

对于输入理解量，需要用研究对象的可理解输入量，除研究对象要求谈话对象重复或解释次数。因此，在上面的示例中，研究对象得到了4分钟的可理解输入量，如果在谈话过程中研究对象要求谈话对象重复或解释两次，那么，其输入理解量为0.5。

3.6.3　产出实践量与输出理解量数据分析方法

研究对象要在报告中选择一个谈话，在该谈话中谈话对象很难理解研究对象的话语内容。要求研究对象汇报整个谈话的话语产出量，谈话对象要求研究对象重复或解释的次数，用以核算以下两项数据：研究对象的产出实践量；研究对象的由输出带来的理解量。为了衡量在某一给定语境下研究对象的产出实践量，用研究对象在这次谈话中的话语产出量占全部话语产出量的比例乘以60，得出其在本次谈话中的产出实践量。 例如，如果在谈话中研究对象的谈话时间占全部谈话时间的75%，则其产出实践量为45。

在计算输出理解量的时候，先要核算出在整个谈话过程中研究对象的话语输出量是多少。计算方法是将研究对象在整个谈话过程中的话语产出时间（单位为分钟）乘以其话语产出占整个对话的百分比。例如：如果整个谈话时间为10分钟，研究对象在整个谈话过程中的话语产出占整个对话的60%，那么他的话语输出量为6分钟。接下来，用研究对象要求谈话对象重复或解释的次数除其话语输出量，就可以得到其输出理解量。在上面的例子中，如果该研究对象要求他的谈话对象重复或解释三次，他的输出理解量为0.5。

3.6.4　意义协商量数据分析方法

最后需要讨论的核定量为意义协商量。意义协商量的核定方法如下：将研究对象在谈话过程中产生理解困难的输入量（障碍输出量）加上研究对象不被谈话对象理解的话语输出量（不理解输出量），得到输入与输出总量。接下来，将谈话中研究对象要求谈话对象重复或解释的次数加上谈话中研究对象被谈话对象要求解释或重复的次数，得出需求总数。在上面的示例中，障碍输出量为4，不理解输出量为6，则输入与输出总量为10。接下来，谈话中研究对象要求谈话对象重复或解释的次数为2，谈话中研究对象被谈话对象要求解释或重复的次数为3，则需求总数为5。将输入输出总量除以需求总数得到意义协商量2。

3.7　数据分析说明

关于收集到的中介语发展的相关数据中的前两项数据的说明将按下面的方式进行。首先，按如下顺序对语法准确度进行分析：每个T单位中错误量分析，无误T单位比例分析，无误T单位平均长度分析。接下来分析句法复杂度。顺序如下：每个T单位中词语量分析，每个T单位中从句量分析。然后，以语速为衡量标准分析口语流利度。最后，对留学小组成员相关研究问题进行描述。

对所收集到的关于语言学习环境的数据将按以下方式进行分析。首先，讨论和说明留学小组中的研究对象在不同语境中的文本媒体接触量和高输入接触量的相关数据。其次，调查和验证不同语境、不同类型的接触形式，以及在不同语境下的接触类型重要性程度。最后，对不同语境中，特别是在以双向交流为目的的环境中接触条件的不同之处展开讨论。

值得注意的是，对于中介语发展的相关数据的说明和讨论包含了6名参加出国学习项目的研究对象。之所以如此，原因是有一名研究对象在三项调查问卷中，有两个调查问卷没有交还，问卷数据不够完整，因此要从总数据中去掉她的这部分。另外，在与语境相关的数据分析中，只有3名研究对象在关于语境的调查问卷中坚持作答，答案完整。因此在关于国内外不同语境下对语言习得的影响等相关问题的讨论中，只使用了3名同学的相关数据。

3.8　本研究的信度与效度

本研究的信度与效度是建立在问题的设计与研究方法的选择上的。

第一，在本研究中的研究对象都是来自中国各省、市的在校大一或者大二的学生，具有基本相似的英语学习背景和经历。因此，在研究对象方面不存在不可控因素，研究对象之间不存在较大差异，增加了研究的信度。

第二，关于出国学习的研究不可以将其中的各个方面独立开来进行衡量，不能以独立的变量结果作为核定整个研究结果的依据。Pike和Selby认为，"关于出国学习经历的研究每个个体维度之间联系紧密，不可以对某一个维度进行单独研究"。本研究中所构建的出国学习的理论依据及出国学习经历都是与研究对象们出国前的经历紧密相关的，都建立在复杂的密不可分的关系之中。本研究采用定性与定量相结合的研究方法，将出国学习过程的每一个维度紧密相连，在研究中对研究对象出国前后的语言熟练度变化情况进行比对，极大地提高了论证的信度和效度。

第三，在本研究的定性分析过程中，关于文化震荡、跨文化适应及跨文化经历的访谈问题、问卷试题等的难易程度适当，都是与学生们日常学习生活相关的话题，种类繁多，也在一定程度上提高了论证的信度。

第四，本研究所设计的访谈问题的内容覆盖面较广且相互之间具有一定的关联性，涉及学生们可预见的各个方面，在设计问题时采取了主观题与客观题相结合的方法，极大地提升了论证的效度。

第五，本研究的数据搜集来自学生出国学习前和出国学习后，对各研究对象数据收集时间相同，通过数据比对得到学生参加出国学习项目前后的语言熟练度变化结果，无论是预测效度还是共时效度都得到了充分的重视。

3.9　本章小结

本章系统地对本研究所涉及的研究项目、研究对象进行了详尽的说明，同时对本研究拟采用的研究方法及数据分析方法进行了系统的阐述与说明。本研究将采用定量与定性相结合的研究方法，对研究对象在国外语境中中介语的发展情况展开研究，也期待找到学习者第二语言习得效果的影响因素。本研究的研究方法基本框架如图3.3所示。

```
          ┌─────────────────────┐
          │   影响因素分析方法    │
          └─────────────────────┘
           ↙                   ↘
┌─────────────────┐      ┌─────────────────┐
│   文化敏感度     │      │  学习动机强度    │
└─────────────────┘      └─────────────────┘
         ↓
┌─────────────────┐      ┌─────────────────┐
│ 出国前/后数据对比 │      │ 出国前/后数据对比 │
│    量化分析      │      │    量化分析      │
└─────────────────┘      └─────────────────┘
```

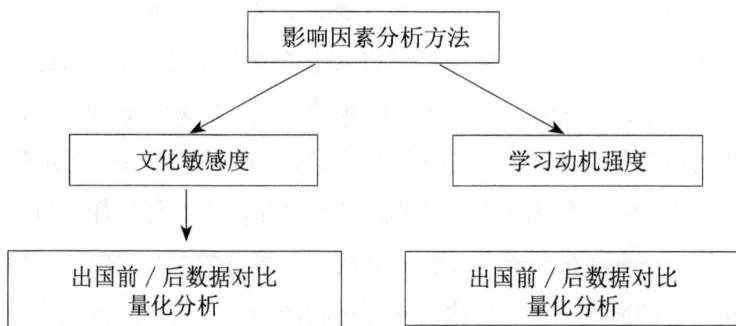

图3.3　本研究的研究方法基本框架

　　根据本章中建立起来的框架结构，下面的章节将对所收集到的中介语数据及不同语境中第二语言习得变化的相关数据，在既有研究手段和研究工具的基础上，进行全面而细致的分析。

第 4 章　结果与分析

4.1　经历短期出国学习项目后学生语言熟练度的变化分析

本研究选定的研究对象为45名参加加拿大短期出国学习项目的学生。研究者通过对研究对象学习经历和学习背景的采访，从45名研究对象中选择了7名具有相似学习经历和学习背景的个体，研究了参加项目后他们的语言熟练度发生了哪些变化。本研究通过对这些学生的口语流利度、语法准确度和句法复杂度进行分析，力求发现并验证出国学习对于学习者第二语言的语言熟练度产生了哪些影响。在本节中将对本研究的研究问题一"在短期出国学习项目中学生语言熟练度有哪些变化"进行分析。

留学小组成员在项目结束后，语言熟练度的三项测试（语法准确度、句法复杂度和口语流利度）中有两项结果表现为没有明显的变化。至少有一半的留学小组成员，在项目结束后口语流利度与出国前的任何时候相比都有明显的进步。

4.1.1　留学小组成员个体语言熟练度变化分析

下面将通过对每一名留学小组成员在参加项目前后语言熟练度的比较，研究留学小组成员个体语言能力发展的不同之处。语言样本中方括号[ ]内的内容，表示其在验证每个T单位中错误量和T单位平均长度的时候被删掉了。关于不同时间段内语言各方面的数据分析将以表格的形式阐述。

1.李冰语言熟练度变化分析

李冰项目开始前的语言样本：

[He] ... [he want] ... she wants to read a book, and she checked that her glasses doesn't work. [She] ... [so she] ... she go to the glasses store, and she bought some [glass] ... glasses and something. [He checked] ... he [cash] ... [cashed] ... cashed them, and [she] ... [she went to back] ... [she] ... she went to back to his home, and [she] ... she began to read.

（李冰　2011.08.01）

时间: 61秒。

李冰项目结束后的语言样本：

She wrote down that she wants to need. Then, [she goes to] ··· she went to market. [He] ··· she bought some fruit and some drink, and then, [she] ··· she bought them. Then , she returns home. She made some food.

（李冰　2011.08.30）

时间: 41秒。

项目开始前，在图片排序任务中所收集到的样本数据显示，李冰的T单位数量为48，总错误量为46，见表4.1。因此，其每个T单位中错误量为0.96。在项目开始后的前两周，李冰的每个T单位中错误量分别为0.97和0.84。换个角度来看，从项目开始前到项目结束后，李冰的每五个T单位中错误量为4.40~4.75。项目结束后，李冰的每个T单位中错误量为0.89，每五个T单位中错误量为4.40。李冰在项目结束后每个T单位中错误量没有发生很大的变化。

表4.1 李冰每个T单位中错误量变化情况汇总

	七月末 （7月25日）	八月第一周 （8月1日）	八月第二周 （8月8日）	八月第四周 （8月30日）
T单位数量	48	37	32	35
总错误量	46	36	27	31
每个T单位中错误量	0.96	0.97	0.84	0.89

项目结束后，李冰的T单位平均长度为4.47，稍大于其在项目开始前的T单位平均长度4.06，见表4.2。在项目开始后的前两周，李冰的T单位平均长度分别为4.08和4.42。这些数值不足以证明李冰在项目结束后T单位平均长度发生了很大的变化。

表4.2 李冰T单位平均长度变化情况汇总

	七月末 （7月25日）	八月第一周 （8月1日）	八月第二周 （8月8日）	八月第四周 （8月30日）
T单位数量	48	36	31	34
词汇量	203	156	144	158
连词数量	8	9	7	6
T单位平均长度	4.06	4.08	4.42	4.47

项目结束后，李冰的语速为每分钟46.77个词，显著快于其在项目开始前的语速（每分钟42.32个词），见表4.3。

表4.3 李冰语速变化情况汇总

	七月末 （7月25日）	八月第一周 （8月1日）	八月第二周 （8月8日）	八月第四周 （8月30日）
时间/秒	352	343	244	254
词汇量	249	197	183	198
语速	42.32	34.46	45.00	46.77

小结：李冰在项目结束后，每个T单位中错误量没有发生很大的变化，T单

位平均长度没有发生很大的变化，语速显著快于项目开始前。因此，李冰在项目结束后语言熟练度没有发生显著变化。

2.游程杰语言熟练度变化分析

游程杰项目开始前的语言样本：

> The day is her husband's birthday, so she thought cook something to her husband. So she decided his favorite food. Curry. Decided cook to him. [She checked]... she [notes]... [what is not]... what drink is need, and she went to market, and she went to buy grocery and spices and so on, and she came back to home. She began to cook curry hard to him.

（游程杰　2011.08.01）

时间：111秒。

游程杰项目结束后的语言样本：

> [Her]... her husband will go to somewhere tomorrow evening. So [she]... [she]... [she]... [she]... she is going to cook for supper, and [she find]... he find what she has had and what she has not to shopping. She went to market, and she [option]... optioned what she need for supper, and [she]... she went to the cashier and bought apple and drink and so on. She went back to her house, and she saw what she bought. She thought [she bought]... she bought too much for supper.

（游程杰　2011.08.30）

时间：130秒。

项目开始前，在图片排序任务中所收集到的样本数据显示，游程杰的T单位数量为42，总错误量为43，见表4.4。因此，其每个T单位中错误量为1.02。在项目开始后的前两周，游程杰的每个T单位中错误量分别为0.95和1.06。换个角度来看，从项目开始前到项目结束后，游程杰的每五个T单位中错误量为4.55~5.10。项目结束后，游程杰的每个T单位中错误量为0.91，每五个T单位中错误量为

4.55。游程杰在项目结束后每个T单位中错误量没有发生很大的变化。

表 4.4　游程杰每个T单位中错误量变化情况汇总

	七月末 （7月25日）	八月第一周 （8月1日）	八月第二周 （8月8日）	八月第四周 （8月30日）
T单位数量	42	56	53	48
总错误量	43	53	56	44
每个T单位中错误量	1.02	0.95	1.06	0.91

项目结束后，游程杰的T单位平均长度为5.04，稍大于其在项目开始前的T单位平均长度4.78，见表4.5。在项目开始后的前两周，游程杰的T单位平均长度分别为4.58和5.02。这些数值不足以证明游程杰在项目结束后T单位平均长度发生了很大的变化。

表4.5　游程杰T单位平均长度变化情况汇总

	七月末 （7月25日）	八月第一周 （8月1日）	八月第二周 （8月8日）	八月第四周 （8月30日）
T单位数量	41	55	52	47
词汇量	210	275	285	261
连词数量	14	23	24	24
T单平均长度	4.78	4.58	5.02	5.04

项目结束后，游程杰的语速为每分钟47.29个词，没有显著提高，见表4.6。

表4.6　游程杰语速变化情况汇总

	七月末 （7月25日）	八月第一周 （8月1日）	八月第二周 （8月8日）	八月第四周 （8月30日）
时间/秒	402	468	452	511
词汇量	279	352	379	402
语速	41.64	45.13	50.31	47.29

小结：游程杰在项目结束后，每个T单位中错误量没有发生很大的变化，T单位平均长度发生了很大的变化，语速没有显著提高。因此，游程杰在项目结束后语言熟练度没有发生显著变化。

3.张丽语言熟练度变化分析

张丽项目开始前的语言样本：

[He rode a bike]... he rode bike, so his bike was broken. He went to bike shop and he was repaired his [bike]... bike. [I can]... [he can't]... he can ride comfortable, and he rides bike again.

（张丽　2011.07.25）

时间: 42秒。

张丽项目开始后的语言样本：

He was wrting a letter, so his pen was broken. He went to pen shop, and [he]... [he]... his pen was repair. [He return]... he returned to home, and he can write a letter.

（张丽　2011.08.30）

时间: 27秒。

项目开始前，在图片排序任务中所收集到的样本数据显示，张丽的T单位数量为37，总错误量为45，见表4.7。因此，其每个T单位中错误量为1.22。在项目开始后的前两周，张丽的每个T单位中错误量分别为1.17和0.77。换个角度来看，从项目开始前到项目结束后，张丽的每五个T单位中错误量为5.25~6.10。项目结束后，张丽的每个T单位中错误量为1.05，每五个T单位中错误量为5.25。张丽在项目结束后每个T单位中错误量没有发生很大的变化。

表4.7 张丽每个T单位中错误量变化情况汇总

	七月末 （7月25日）	八月第一周 （8月1日）	八月第二周 （8月8日）	八月第四周 （8月30日）
T单位数量	37	38	28	41
总错误量	45	44	22	43
每个T单位中错误量	1.22	1.17	0.77	1.05

项目结束后，张丽的T单位平均长度为4.62，稍大于其在项目开始前的T单位平均长度3.94，见表4.8。在项目开始后的前两周，张丽的T单位平均长度分别为4.89和3.65。这些数值不足以证明张丽在项目结束后T单位平均长度发生了很大的变化。

表4.8 张丽T单位平均长度变化情况汇总

	七月末 （7月25日）	八月第一周 （8月1日）	八月第二周 （8月8日）	八月第四周 （8月30日）
T单位数量	36	36	26	39
词汇量	152	189	105	189
连词数量	6	13	10	9
T单位平均长度	3.94	4.89	3.65	4.62

项目结束后，张丽的语速为每分钟65.56个词，较其在项目开始前的语速（每分钟55.30个词）提高很多，见表4.9。因此，在项目结束后，张丽的语速较项目开始前有所提高。

表4.9 张丽语速变化情况汇总

	七月末 （7月25日）	八月第一周 （8月1日）	八月第二周 （8月8日）	八月第四周 （8月30日）
时间/秒	180	282	135	205
词汇量	166	233	127	224
语速	55.30	49.57	56.44	65.56

小结：张丽在项目结束后，每个T单位中错误量没有发生很大的变化，T单位平均长度发生了很大的变化，语速有所提高。因此，张丽在项目结束后语言熟练度发生了显著变化。

4.朱晓静语言熟练度变化分析

朱晓静项目开始前的语言样本：

[When he]... when he write [the]... his letter he broke his pens, so he went to the pens shop and [ask]... asked to repair his pens, and the clerk fixed his pens [and]... and [gave back]... gave back his pens, and [he]... he looks so happy, and [went]... he went back, and he could write his letter well.

（朱晓静　2011.07.25）

时间：47秒。

朱晓静项目结束后的语言样本：

When he was writing some letters, suddenly his pens were broken, so he went to the pens [shop]... shop and asked to fix it. A optical fixed his pens, and he got his pens again, and he went back his house and write his letter again.

（朱晓静　2011.08.30）

时间：28秒。

项目开始前，在图片排序任务中所收集到的样本数据显示，朱晓静的T单位数量为96，总错误量为81，见表4.10。因此，其每个T单位中错误量为0.84。在项目开始后的前两周，朱晓静的每个T单位中错误量分别为0.80和0.93。换个角度来看，从项目开始前到项目结束后，朱晓静的每五个T单位中错误量为4.20~4.60。项目结束后，朱晓静的每个T单位中错误量为0.92，每五个T单位中错误量为4.60。朱晓静在项目结束后每个T单位中错误量没有发生很大的变化。

表4.10　朱晓静每个T单位中错误量变化情况汇总

	七月末 （7月25日）	八月第一周 （8月1日）	八月第二周 （8月8日）	八月第四周 （8月30日）
T单位数量	96	55	29	89
总错误量	81	44	27	82
每个T单位中错误量	0.84	0.80	0.93	0.92

　　项目结束后，朱晓静的T单位平均长度为5.14，稍大于其在项目开始前的T单位平均长度4.66，见表4.11。在项目开始后的前两周，朱晓静的T单位平均长度分别为6.15和6.64，这些数值不足以证明朱晓静在项目结束后T单位平均长度发生了很大的变化。

表4.11　朱晓静T单位平均长度变化情况汇总

	七月末 （7月25日）	八月第一周 （8月1日）	八月第二周 （8月8日）	八月第四周 （8月30日）
T单位数量	95	54	28	89
词汇量	471	348	195	476
连词数量	28	16	9	18
T单位平均长度	4.66	6.15	6.64	5.14

　　项目结束后，朱晓静的语速为每分钟89.98个词，较其在项目开始前的语速（每分钟77.24个词）提高很多，见表4.12。因此，在项目结束后，朱晓静的语速较项目开始前显著提高。

表4.12　朱晓静语速变化情况汇总

	七月末 （7月25日）	八月第一周 （8月1日）	八月第二周 （8月8日）	八月第四周 （8月30日）
时间 / 秒	421	301	186	354
词汇量	542	395	211	525
语速	77.24	78.74	68.07	89.98

小结：朱晓静在项目结束后，每个T单位中错误量没有发生很大的变化，T单位平均长度发生了很大的变化，语速显著提高。因此，朱晓静在项目结束后语言熟练度发生了显著变化。

5.陈述语言熟练度变化分析

陈述项目开始前的语言样本：

[She]... she would like to read something, so [she]... [she is re]... she is reading books. [She]... she go to the bookshop to buy. [She]... [she]... [she]... she tried to choose the books, and she also tried to choose other books, and [she]... [she bought]... [she bought]... she bought the things [what] ... which [she]... she choose, and she arrive at the house. She read.

（陈述　2011.07.25）

时间: 91秒。

陈述项目结束后的语言样本：

[She]... one day she [wan]... wanted to read, so [she]... she [check]... [checked]... checked the books [to]... to read. She went to bookshop to buy books and novels. [She]... she took novels [into]... into a bag. [She also choose]... he also choose the books. [She]... she took them [to]... to the cashier's and bought them. [She]... [she]... [she went back]... she went back home. And she read.

（陈述　2011.08.30）

时间: 66秒。

项目开始前，在图片排序任务中所收集到的样本数据显示，陈述的T单位数量为35，总错误量为35，见表4.13。因此，其每个T单位中错误量为1.00。在项目开始后的第一周，陈述的每个T单位中错误量为0.68。陈述未参加八月第二周的图片排序任务，因此该项数据空缺。项目结束后，陈述的每个T单位中错误量为1.02，每五个T单位中错误量为5.10。陈述在项目结束后每个T单位中错误量没有发生很大的变化。

表4.13　陈述每个T单位中错误量变化情况汇总

	七月末 （7月25日）	八月第一周 （8月1日）	八月第二周 （8月8日）	八月第四周 （8月30日）
T单位数量	35	31	未参加	53
总错误量	35	21	未参加	54
每个T单位中错误量	1.00	0.68	未参加	1.02

项目结束后，陈述的T单位平均长度为5.25，稍大于其在项目开始前的T单位平均长度5.03，见表4.14。在项目开始后的第一周，陈述的T单位平均长度为5.61。陈述未参加八月第二周的图片排序任务，因此该项数据空缺。这些数值不足以证明陈述在项目结束后T单位平均长度发生了很大的变化。

表4.14　陈述T单位平均长度变化情况汇总

	七月末 （7月25日）	八月第一周 （8月1日）	八月第二周 （8月8日）	八月第四周 （8月30日）
T单位数量	33	28	未参加	52
词汇量	178	165	未参加	285
连词数量	12	8	未参加	12
T单位平均长度	5.03	5.61	未参加	5.25

项目结束后，陈述的语速为每分钟56.22个词，较其在项目开始前的语速（每分钟40.59个词）提高很多，见表4.15。因此，在项目结束后，陈述的语速较项目开始前有所提高。

表4.15 陈述语速变化情况汇总

	七月末 （7月25日）	八月第一周 （8月1日）	八月第二周 （8月8日）	八月第四周 （8月30日）
时间（秒）	334	270	未参加	381
词汇量	226	199	未参加	357
语速	40.59	44.22	未参加	56.22

小结：陈述在项目结束后，每个T单位中错误量没有发生很大的变化，T单位平均长度发生了很大的变化，语速显著提高。因此，陈述在项目结束后语言熟练度发生了显著变化。

6.李小萌语言熟练度变化分析

李小萌项目开始前的语言样本：

[He]... he note the spice and [many]... many kind of spices. He go to shopping to the supermarket, and he want to buy the vegetable and foods. He want to the wine, and he buy the those ones, and he go back and he cooking.

（李小萌　2011.07.25）

时间: 74秒。

李小萌项目结束后的语言样本：

He start cooking, he think, but [he]... he needs another spice and [ingr]... material. He go to buy the supermarket. He buy in the vegetable and fruits and spice and alcohol. He paid the money. He come back his home, and he [pre]... prepare perfect, and he start cook.

（李小萌　2011.08.30）

时间: 66秒。

项目开始前，在图片排序任务中所收集到的样本数据显示，李小萌的T单位数量为48，总错误量为55，见表4.16。因此，其每个T单位中错误量为1.15。在项目开始后的前两周，李小萌的每个T单位中错误量分别为0.86和1.27。项目结束后，李小萌的每个T单位中错误量为1.03，每五个T单位中错误量为5.15。李小萌在项目结束后每个T单位中错误量没有发生很大的变化。

表4.16　李小萌每个T单位中错误量变化情况汇总

	七月末 （7月25日）	八月第一周 （8月1日）	八月第二周 （8月8日）	八月第四周 （8月30日）
T单位数量	48	38	54	31
总错误量	55	33	68	32
每个T单位中错误量	1.15	0.86	1.27	1.03

项目结束后，李小萌的T单位平均长度为3.85，稍大于其在项目开始前的T单位平均长度3.80，见表4.17。在项目开始后的前两周，李小萌的T单位平均长度分别为4.19和4.67。这些数值不足以证明李小萌在项目结束后T单位平均长度发生了很大的变化。

表4.17　李小萌T单位平均长度变化情况汇总

	七月末 （7月25日）	八月第一周 （8月1日）	八月第二周 （8月8日）	八月第四周 （8月30日）
T单位数量	46	36	31	52
词汇量	192	158	157	206
连词数量	17	7	12	6
T单位平均长度	3.80	4.19	4.67	3.85

项目结束后，李小萌的语速为每分钟49.33个词，较其在项目开始前的语速（每分钟37.96个词）提高很多，见表4.18。因此，在项目结束后，李小萌的语速较项目开始前显著提高。

表4.18 李小萌语速变化情况汇总

	七月末 （7月25日）	八月第一周 （8月1日）	八月第二周 （8月8日）	八月第四周 （8月30日）
时间（秒）	354	288	294	288
词汇量	224	201	174	236
语速	37.96	41.88	35.63	49.33

小结：李小萌在项目结束后，每个T单位中错误量没有发生很大的变化，T单位平均长度发生了很大的变化，语速显著提高。因此，李小萌在参加出国学习项目后语言熟练度发生了显著变化。

7.谢莉语言熟练度变化分析

谢莉项目开始前的语言样本：

There are three people in upstairs. They talk about should we do, and they decided to go to park. One boy bought his ticket, and they enter the park. A [boy]... boy bought a popcorn and they went to the seat area and they decided to sit. After the park they went to home and they talk about that park is good.

（谢莉　2011.07.25）

时间: 54秒。

谢莉项目结束后的语言样本：

One day when he is reading the book, his glasses is broken, and he go to the glasses store. He choose one. The shop's lady [repair]... repaired his glasses, and he helps his trying to glasses. And he pay the money. He go home. He can read magazine very well.

（谢莉　2011.08.30）

时间: 40秒。

项目开始前，在图片排序任务中所收集到的样本数据显示，谢莉的T单位数量为59，总错误量为66，见表4.19。因此，其每个T单位中错误量为1.12。在项目开始后的前两周，谢莉的每个T单位中错误量分别为1.29和1.31。项目结束后，谢莉的每个T单位中错误量为1.21，每五个T单位中错误量为6.05。谢莉在项目结束后每个T单位中错误量虽然稍有提高，但是数值很小，没有发生很大的变化。

表4.19 谢莉每个T单位中错误量变化情况汇总

	七月末 （7月25日）	八月第一周 （8月1日）	八月第二周 （8月8日）	八月第四周 （8月30日）
T单位数量	59	27	46	44
总错误量	66	35	60	53
每个T单位中错误量	1.12	1.29	1.31	1.21

在项目结束后，谢莉的T单位平均长度为4.71，稍大于其在项目开始前的T单位平均长度5.25，见表4.20。谢莉在项目结束后T单位平均长度显著增大。

表4.20 谢莉T单位平均长度变化情况汇总

	七月末 （7月25日）	八月第一周 （8月1日）	八月第二周 （8月8日）	八月第四周 （8月30日）
T单位数量	57	28	43	45
词汇量	311	183	250	223
连词数量	12	15	22	11
每个T单位中词汇量	5.25	6.00	5.30	4.71

在项目结束后，谢莉的语速为每分钟67.64个词，略快于其在项目开始前的语速（每分钟64.89个词），见表4.21。因此，在项目结束后，谢莉的语速较项目开始前没有显著提高。

表4.21 谢莉语速变化情况汇总

	七月末 （7月25日）	八月第一周 （8月1日）	八月第二周 （8月8日）	八月第四周 （8月30日）
时间（秒）	331	186	246	220
词汇量	358	202	267	248
语速	64.89	65.11	65.08	67.64

小结：谢莉在项目结束后，每个T单位中错误量没有发生很大的变化，T单位平均长度发生了很大的变化，语速显著提高。因此，谢莉在结束项目后语言熟练度发生了显著变化。

8.小结

由上述的对比分析和图4.1可见，留学小组中的研究对象在项目开始后语法准确度的一个维度立刻发生了改变，准确句的数量立刻降低。然而，在项目开始后，其语法准确度的其他两个维度（每个T单位中错误量和T单位平均长度）没有立刻发生变化。

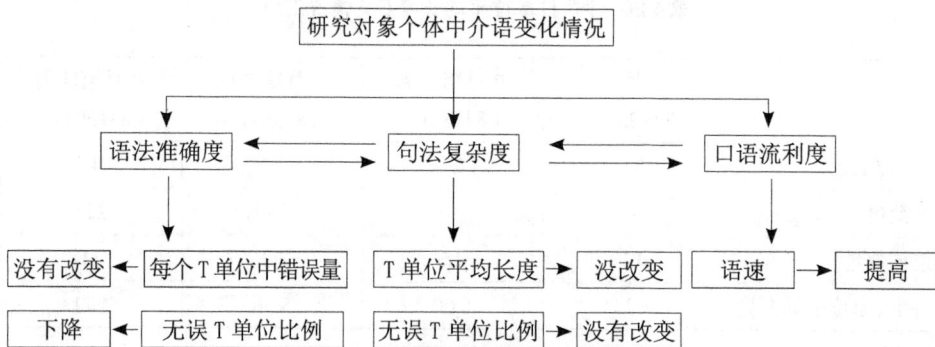

图4.1 研究对象个体中介语变化情况

同时，留学小组中的被研究对象的句法复杂度也没有立刻发生变化。大约有一半的研究对象的口语流利度在参加出国学习项目后明显高于参加出国学习项目前。在语言熟练度的其他方面没有发生变化的情况下，对于语言流利度提高的合理解释，可以从对语法准确度和口语流利度的交叉探讨入手。

4.1.2 留学小组数据分析

对本研究中选出的学习背景和学习经历基本相同而选出的留学小组的七名学生，在完成出国学习项目后语法准确度、句法复杂度和口语流利度的变化情况将在下面展开分析。其中，对语法准确度的分析，将通过分析对比每个成员的T单位中错误量变化情况、项目开始前无误T单位使用情况、项目结束后无误T单位使用情况来完成；对句法复杂度的分析，将通过分析对比T单位平均长度、项目开始前每个T单位中从句量及项目结束后每个T单位中从句量来完成；对口语流利度的分析，将通过分析比对留学小组成员在项目开始前后每分钟词语量来完成。由于留学小组成员在口语流利度方面变化显著，因此本研究对语言熟练度的这项维度展开了更进一步的研究。

1.基于语法准确度的留学小组数据分析

表4.22为留学小组成员每个T单位中错误量变化情况。

表4.22 留学小组成员每个T单位中错误量变化情况

姓　名	项目开始前	项目结束后	变化值	参考差值	变化情况
李冰	0.96	0.89	+0.07	+/- 0.2	保持在项目开始前的范围内
游程杰	1.02	0.91	+0.11	+/- 0.2	保持在项目开始前的范围内
张丽	1.22	1.05	+0.17	+/- 0.2	保持在项目开始前的范围内
朱晓静	0.84	0.92	-0.08	+/- 0.2	保持在项目开始前的范围内
陈述	1.00	1.02	-0.02	+/- 0.2	保持在项目开始前的范围内
李小萌	1.15	1.03	+0.12	+/- 0.2	保持在项目开始前的范围内
谢莉	1.12	1.21	-0.09	+/- 0.2	保持在项目开始前的范围内

项目结束后，与项目结束前相比，留学小组所有成员的每个T单位中错误量（即语法错误量）的变化基本上保持在项目开始前的范围内。基于此可以得结论：项目结束后，留学小组成员每个T单位中错误量没有立刻发生改变。

项目开始前，留学小组成员的无误T单位比例的平均值为38.25%，见表4.23。项目结束后，留学小组成员的无误T单位比例的平均值为28.03%，见表

4.24。通过方差分析得到$F(1,12)=7.829$，$P<0.05$，差别具有统计学意义，差异显著。同时，效应幅度大于0.325（$f=0.830$）。这就意味着，在项目结束后，留学小组成员的无误T单位比例明显低于项目开始前留学小组成员的无误T单位比例。

表4.23　项目开始前留学小组成员无误T单位比例

姓　名	T单位数量	无误T单位数量	无误T单位比例
李冰	114	48	42.10%
游程杰	148	50	33.78%
张丽	98	34	34.69%
朱晓静	178	74	41.80%
陈述	61	25	40.98%
李小萌	112	55	49.15%
谢莉	128	33	25.78%
平均值	119.71	45.43	38.25%

表4.24　项目结束后留学小组成员无误T单位比例

姓　名	T单位数量	无误T单位数量	无误T单位比例
李冰	34	12	35.29%
游程杰	48	12	23.40%
张丽	39	10	25.64%
朱晓静	88	28	32.58%
陈述	52	15	28.85%
李小萌	52	17	32.69%
谢莉	45	8	17.78%
平均值	51.15	14.57	28.03%

项目开始前，留学小组成员的无误T单位平均长度的平均值为3.94，见表4.25。项目结束后，留学小组成员的无误T单位平均长度的平均值为4.03，见表

4.26。卡方检验结果显示$F(1,12)=0.029$，效应幅度$f=0.050$，两平均值之间无显著差别。由此可以得出结论：留学小组成员在项目结束后的无误T单位平均长度与其在项目开始前的无误T单位平均长度相比较，并没有明显的不同。

表4.25　项目开始前留学小组成员无误T单位平均长度

姓　名	无误T单位数量	无误T单位中词汇总量	无误T单位平均长度
李　冰	49	143	2.92
游程杰	55	220	4.00
张　丽	34	106	3.12
朱晓静	70	330	4.71
陈　述	25	140	5.60
李小萌	41	132	2.73
谢　莉	33	152	4.61
平均值	45.43	174.71	3.94

表4.26　项目结束后留学小组成员无误T单位平均长度

姓　名	无误T单位数量	无误T单位中词汇总量	每个无误T单位平均长度
李　冰	11	39	3.54
游程杰	11	55	5.00
张　丽	10	41	4.10
朱晓静	30	133	4.43
陈　述	15	76	5.07
李小萌	18	46	2.56
谢　莉	7	27	3.85
平均值	14.57	56.71	4.03

小结：在项目结束后，留学小组成员的每个T单位中错误量没有显著变化，基本保持在项目开始前的范围内；无误T单位比例明显降低；无误T单位平均长

度没有显著改变。由此可以看出，项目结束后，留学小组成员的语法准确度与项目开始前相比没有发生显著变化。

2.基于句法复杂度的"留学小组"数据分析

在项目结束后，留学小组中仅有一名研究对象的T单位平均长度与其在项目开始前的T单位平均长度相比有所增加，见表4.27。同时，有一名来自留学小组的研究对象在项目结束后的T单位平均长度低于其在项目开始前的T单位平均长度。由此可以看出，留学小组成员在项目开始前和在项目结束后的T单位平均长度，没有显著的差别。

表4.27　留学小组成员T单位平均长度变化情况（以词语为单位）

姓　名	项目开始前	项目开始后	变化值	参考差值	T单位平均长度变化结果
李　冰	4.06	4.47	+0.41	+/- 0.5	在项目开始前的范围内
游程杰	4.78	5.04	+0.26	+/- 0.5	在项目开始前的范围内
张　丽	3.94	4.62	+0.68	+/- 0.5	高于项目开始前
朱晓静	4.66	5.14	+0.48	+/- 0.5	在项目开始前的范围内
陈　述	5.03	5.25	+0.22	+/- 0.5	在项目开始前的范围内
李小萌	3.80	3.85	+0.05	+/- 0.5	在项目开始前的范围内
谢　莉	5.25	4.71	-0.53	+/- 0.5	低于项目开始前
平均值	4.50	4.73	+0.23	+/- 0.5	在项目开始前的范围内

在项目开始前，留学小组成员的每个T单位中从句量的平均值为1.075，见表4.28。在留学项目结束后，留学小组成员的每个T单位中从句量的平均值为1.078，见表4.29。卡方检验结果显示$F(1,12)=0.013$,效应幅度的值相当小（$f=0.037$），差别无统计学意义。由此可以得出结论：在项目结束后，留学小组成员的每个T单位中从句量与项目开始前相比，没有发生显著变化。

小结：留学小组成员在结束出国学习后T单位平均长度；每个T单位中从句的使用量，与出国学习前相比较，都没有发生显著变化。因此，留学小组成员在结束出国学习后句子复杂度没有发生显著变化。

表4.28　项目开始前留学小组成员每个T单位中从句量

姓　名	T单位数量	从句数量	每个T单位中从句量
李冰	115	9	1.08
游程杰	148	7	1.05
张丽	98	4	1.04
朱晓静	177	11	1.06
陈述	61	5	1.08
李小萌	111	9	1.08
谢莉	128	17	1.13
平均值	119.71	9.43	1.075

表4.29　项目结束后留学小组成员每个T单位中从句量

姓　名	T单位数量	从句数量	每个T单位中从句量
李冰	34	2	1.06
游程杰	47	8	1.17
张丽	39	0	1.00
朱晓静	89	3	1.03
陈述	52	6	1.12
李小萌	52	3	1.06
谢莉	45	5	1.11
平均值	51.14	3.86	1.078

3.基于口语流利度的留学小组数据分析

在项目结束后，留学小组中的7名研究对象中，有4名研究对象的语速高于其在项目开始前的语速，没有任何一名研究对象的语速低于其在项目开始前的语速，见表4.30。可以看出，完成出国学习项目后，留学小组过半数成员的语速有所提高。因此，留学小组成员在项目结束后语速发生显著变化。

表4.30　留学小组成员每分钟词语量变化情况

姓　　名	项目开始前			项目结束后			语速的变化情况	
	时间 /秒	词汇量	语速	时间 /秒	词汇量	语速	语速变化值	数据变化结果
李　冰	352	248	42.27	254	238	46.77	4.50	在项目开始前范围内
游程杰	401	278	42.94	510	401	47.18	5.24	在项目开始前范围内
张　丽	179	165	55.31	205	224	65.56	10.25	高于项目开始前
朱晓静	420	541	77.29	353	524	89.07	11.78	高于项目开始前
陈　述	334	225	40.42	380	356	56.21	15.79	高于项目开始前
李小萌	354	224	37.96	287	235	49.13	11.23	高于项目开始前
谢　莉	331	358	64.89	220	248	67.64	2.75	在项目开始前范围内

小结：在项目结束后，留学小组成员的语速较其在项目开始前的语速明显提高。由于在语言熟练度的三个维度中，口语的流利度的变化较为显著，因此本研究对于全部研究对象的口语流利度变化情况展开了进一步的分析。

关于学生在出国学习期间口语能力经历了哪些变化这个问题，本研究中采用口语能力测试来完成数据的收集和整理，对研究对象的项目开始前口语能力测试（前测）成绩和项目结束后口语能力测试（后测）成绩进行分析。表4.31为研究对象的前测成绩、后测成绩及口语能力获益值。

表4.31　研究对象的前测成绩、后测成绩及口语能力获益值

	数量	幅度	最小值	最大值	平均值	标准误差	标准差	方差
前测成绩	45	1.90	1.28	3.22	2.466 7	0.048 12	0.322 81	0.104
后测成绩	45	2.30	1.82	4.08	2.773 3	0.066 43	0.445 64	0.199
口语能力获益值	45	1.55	-0.50	1.05	0.306 7	0.053 39	0.358.12	0.128

在项目开始前，学生们口语能力测试成绩平均值为2.466 7，最小值为1.28，最大值为3.22；在项目结束后，学生们的口语能力测试成绩平均值为2.773 3，最小值为1.82，最大值为4.08。可以看出，学生们的口语能力测试成绩的平均值整体提升了0.306 7。虽然提升幅度不大，但是在研究中也存在以下影响因素：在前

测中学生们被要求完成关于自己家乡的介绍，虽然在回答中存在停顿、不流畅和些许语法错误。但是在第二次样本收集中，面对教授们的专业问题提问，学生们的紧张情绪大增，因此会出现更多的停顿、不流畅和语法错误。即便学生们的口语能力已经有所提高，但是由于词汇量有限，在口语交流中仍然会存在一些障碍。为了进一步研究学生们的口语能力变化情况，本研究在数据分析中进行了配对样本T检验。T检验结果如下：学生们平均口语能力获益值增加约0.31，配对偏差值为5.744，概率P<0.001，明显小于临界值0.05，说明前测成绩与后测成绩差异显著，学生们经历了短期的出国学习后口语能力发生显著变化。

下面，将研究重心置于研究对象的整体发展水平。比对出出国前后学生个体口语能力增强或减弱情况，按照口语能力获益值从大到小的顺序对学生进行排序，见表4.32。

表4.32 个体学习者前测成绩、后测成绩及口语能力获益值

学生编号	前测成绩	后测成绩	口语能力获益值
16	2.76	3.81	1.05
11	2.26	3.26	1.00
22	2.41	3.31	0.90
21	3.21	4.11	0.90
53	2.36	3.11	0.75
71	2.36	3.11	0.75
12	2.51	3.21	0.70
13	2.46	3.01	0.55
35	2.26	2.81	0.55
31	2.11	2.66	0.55
36	2.81	3.31	0.50
9	2.71	3.21	0.50
62	2.21	2.76	0.50
61	1.31	1.81	0.50

表4.32（续）

学生编号	前测成绩	后测成绩	口语能力获益值
16	2.71	3.16	0.45
65	2.56	3.01	0.45
41	2.46	2.91	0.45
37	2.36	2.81	0.45
17	1.91	2.36	0.45
37	2.76	3.16	0.40
51	2.46	2.86	0.40
46	2.46	2.81	0.35
67	2.31	2.66	0.35
38	2.96	3.26	0.30
39	2.11	2.41	0.30
34	2.21	2.46	0.25
45	2.56	2.76	0.20
12	2.31	2.51	0.20
58	2.31	2.51	0.20
46	2.81	2.96	0.15
8	2.66	2.81	0.15
48	2.66	2.81	0.15
47	2.61	2.76	0.15
30	2.36	2.46	0.10
57	2.01	2.11	0.10
3	2.11	2.11	0.00
50	2.66	2.61	-0.05
39	2.56	2.46	-0.10
19	3.01	2.91	-0.10
64	2.66	2.56	-0.10
19	2.66	2.51	-0.15

表4.32（续）

学生编号	前测成绩	后测成绩	口语能力获益值
14	2.46	2.21	-0.25
28	2.61	2.31	-0.30
53	2.61	2.26	-0.35
18	2.81	2.31	-0.50

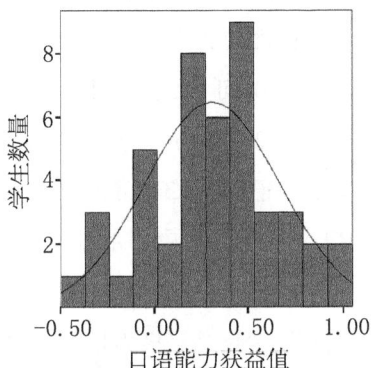

图4.2　研究对象口语能力变化情况

从表4.32中可以看出，大多数学生的口语能力测试成绩在项目结束后较项目开始前有所提高，学生们的口语能力测试成绩变化范围为-0.50~1.05之间。在45名学生中有35名学生（约占77.8%）口语能力提高，1名学生（约占2.2%）口语能力没有发生变化，9名学生（约占20.0%）口语能力降低。

在图4.2中，不仅可以看到学生们的口语能力的变化趋势，还可以看到学生们的口语能力经历了不同的变化。学生们的口语能力获益值的平均值为0.306 7，绝大多数的学生的口语获益值集中在0.00右侧，而且差异很大。

在表4.33中学生的口语能力获益值将被分为高获益、中度获益、低获益/无获益及无获益且降低四类。在项目结束后，7名学生的口语能力获益值为0.70~1.05；18名学生的口语能力获益值为0.30~0.55；10名学生的口语能力显示为较小提高或者没有变化，口语能力获益值为0.00~0.25；10名学生的口语能力显示为降低，口语能力获益值为-0.50~-0.05。一般而言，人们通常认为出国学习会对口语流利度带来积极的影响，可是在本研究中仍然有如此大比例的学生口语能力显示为下降。

表4.33　研究对象口语能力获益值分组情况

组别	人数	口语能力获益值
高获益	7	0.70 ~ 1.05
中度获益	18	0.30 ~ 0.55
低获益/无获益	10	0.00 ~ 0.25
无获益且降低	10	0.50 ~ 0.00

　　图4.3从另外的角度展示出经历了短期出国学习后，学生项目开始前口语能力测试成绩、项目结束后口语能力测试成绩表现出的学生口语能力变化情况。在图4.3中，从0.00向上延伸的部分为口语能力提高的变化情况；从0.00向下延伸的部分为口语能力降低的变化情况。横轴为参加该项目的学生的编号，纵轴显示了学生项目结束后口语能力测试成绩和项目开始前口语能力测试成绩的差值。图4.3非常直观地展示出，口语能力提高的学生占绝大多数。有9名学生的口语能力经历了短期出国学习后有所降低，1名学生的口语能力没有改变，这意味着，有近22%的学生在结束出国学习后口语能力呈下降趋势。这个结果和学生的文化敏感度变化结果极为相似，大约有27%的学生在结束出国学习后文化敏感度下降。这个趋势令人们感到费解，通常人们认为经历了出国学习后语言能力会进步，但是在本研究中，22%的学生的口语能力，27%的学生的文化敏感度，不但没有提高，反而降低了。

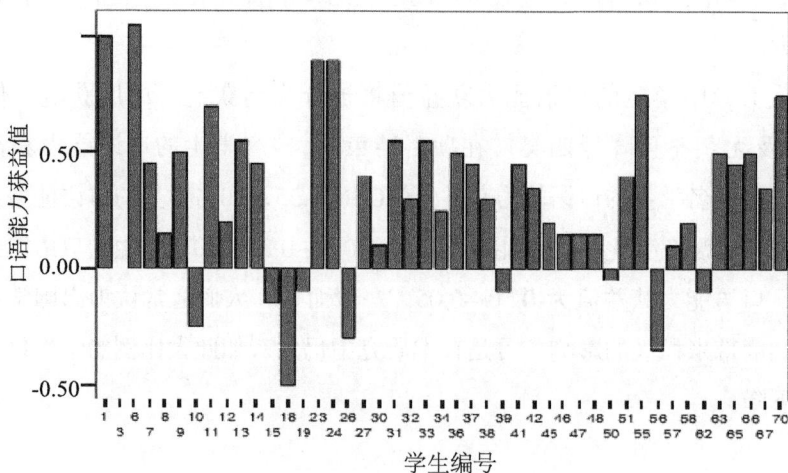

图 4.3　研究对象口语获益值柱状图

为了更好地理解学生们口语能力获益值中存在的变量，研究者将所收集到的所有数据分成两组，以前测成绩平均值2.45为分界点，前测成绩超过2.45的为"高口语能力组"，前测成绩低于2.45的为"低口语能力组"。低口语能力组在项目结束后口语能力获益值的平均值为0.41,而高口语能力组在项目结束后口语能力获益值的平均值为0.20。这表明，高口语能力组的学生较低口语能力组的学生，口语能力获益值的平均值小。而高口语能力组的口语能力获益幅度为1.55，低口语能力组的口语能力获益幅度为1.25。表4.34为高口语能力组与低口语能力组前测数据对比。

表4.34　高口语能力组与低口语能力组前测数据对比

	高口语能力组	低口语能力组
平均值	0.20	0.41
中　值	0.15	0.45
众　数	0.15	0.45
标准偏差	0.397	0.288
方　差	0.158	0.083
幅　度	1.55	1.25
最小值	-0.50	-0.25
最大值	1.05	1.00

高口语能力组的标准差为0.397,低口语能力组标准差为0.288，表明在前测中具有较高文化敏感度获益值的学生们经历了更为广泛的或积极、或消极的口语能力进步幅度。

参加短期出国学习项目的学生们的口语能力在整体水平上经历了显著的变化。与此同时，参加短期出国学习项目的学生个体经历了更为多样的变化。大多数学生的口语能力获益值都达到了平均值以上。在这个层面上，口语能力的改变和学生学习动机强度、文化敏感度的变化情况相似，大部分学生的口语能力提高，也有少数学生的口语能力在经历了短期出国学习后反而降低了。

4.小结

郭修敏将第二语言的语言熟练度定义为"学习者在可以正确使用语言知识的基础上，准确使用语言的过程中所表现出来的能力"。这个定义更加注重"语言运用能力"这一基本概念，提倡学习者可以在语言的使用过程中达到语法准确度、句法复杂度及口语流利度的多重标准，以此来发展语言的熟练度。留学小组成员在参加出国学习项目后语法准确度的一个方面立刻发生了改变。在参加出国学习项目后其无误T单位数量立刻低于其在出国前的无误T单位数量。然而，在参加出国学习项目后，其在语法准确度的其他两个方面，每个T单位中错误量和无误T单位平均长度，没有立刻发生变化。同时，留学小组成员的句法复杂度，也没有立刻发生变化。另一方面，大约有一半的学生的口语流利度在项目结束后明显高于项目开始前。留学小组中介语变化情况如图4.4所示。

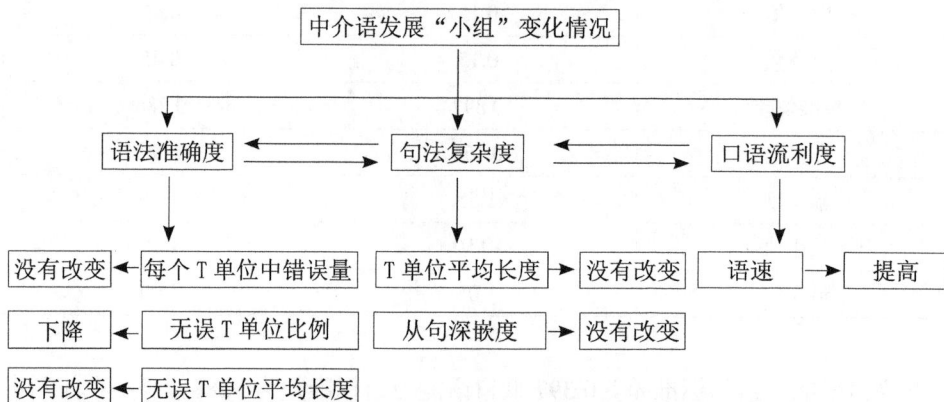

图4.4　留学小组中介语变化情况

留学小组中的研究对象，仅在项目开始的第一周里接受了五个小时的正规英语课程和讲座，这些课程和讲座以语法准确度和句法复杂度为重点内容。研究者的发现与Norris和Ortega,Long的研究结果相同，研究对象在参加短期出国学习项目后，语法准确度和句法复杂度没有太多的改变。在其他方面没有发生变化的情况下，对于语言流利度的提高的合理解释，可以从进行语法准确度和口语流利度的交叉探讨入手。

在4名口语流利度提高的研究对象中，3名学生（朱晓静、陈述、李小萌）出国学习后的每个T单位中错误量稍稍高于其出国学习前的每个T单位中错误量。而谢莉出国学习后，不但每个T单位中错误量稍稍高于出国学习前,而且语速也明显提高。因此，这部分学生是在牺牲了语法准确度的同时，获得了口语流利度的提高。Freed认为，没有任何证据证明出国学习的时间长短会对学习者产生影响。因此，不可以臆断该短期出国学习项目的长度（四周），是研究对象在语法准确度和句法复杂度上没有发生太多变化的重要因素。

4.2 短期出国学习项目中学生语言熟练度变化影响因素分析

对于本研究的第二个研究问题"在短期出国学习项目中哪些主要因素导致了学生语言熟练度的变化？"本节将结合研究者所收集到的相关信息，使用SPSS软件17.0版本对所收集到的数据进行分析，以期能够找出在短期学习项目中影响学习者语言熟练度发展的可能性因素。

4.2.1 文化敏感度

关于在短期出国学习项目中学生文化敏感度变化的研究，依据文化敏感度量表所收集到的数据来完成。

1.在短期出国学习项目中学生文化敏感度变化分析

本研究从文化敏感度量表的32项内容中，根据本研究的目的和研究重点选择了其中的部分内容来完成。表4.35为研究对象文化敏感度描述性统计。

表4.35 研究对象文化敏感度描述性统计

	项目开始前文化敏感度量值	项目结束后文化敏感度量值
中位数	169.00	172.00
众数	156	158
标准差	13.356	13.903

表4.35（续）

方差	178.396	193.288
偏度	-0.208	-0.035
峰度	0.372	-0.748
峰度标准误	0.618	0.662
最小值	137	142
最大值	200	198

45名学生的项目开始前文化敏感度量值平均值为166.33,项目结束后文化敏感度量值平均值为171.60，比对结果（表4.36）显示，经历了短期出国学习后，学生们的文化敏感度平均值增加了5.27。T检验得到的配对偏差值为5.267，概率P<0.001,明显小于临界值0.05，说明前测与后测差异显著，学生们经历了短期的出国学习后文化敏感度发生显著变化。

表4.36　研究对象文化敏感度数据变化分析

	数量	范围	最小值	最大值	平均值	平均值标准误差	标准差	方差
项目开始前文化敏感度量值	45	63	134	198	166.33	2.147	14.402	27.409
项目开始后文化敏感度量值	45	56	141	197	171.60	2.078	13.939	194.291
文化敏感度获益值	45	44.00	22.00	20.00	5.27	1.361 59	9.133 85	83.427

表4.37列出了学生项目开始前文化敏感量度量值（前测数值）、项目结束后文化敏感度量值（后测数值）和文化敏感度获益值，比对出学生文化敏感度提高或降低情况。表4.37中按照文化敏感度变化数值从大到小的顺序对学生排列，每名学生的编号被列在表前，以便于清晰地了解每一名学生的文化敏感度变化情况。

表4.37　个体学习者前测数值、后测数值和文化敏感度获益值

学生编号	前测数值	后测数值	文化敏感度获益值
37	139	160	21.00
13	175	194	19.00
66	174	193	19.00
56	139	158	19.00
35	171	187	16.00
29	158	174	16.00
38	164	179	15.00
6	186	200	14.00
26	181	194	13.00
5	178	191	13.00
55	162	175	13.00
25	152	165	13.00
41	148	160	12.00
33	171	180	9.00
57	168	177	9.00
47	143	152	9.00
17	181	189	8.00
61	171	179	8.00
40	166	174	8.00
2	162	170	8.00
50	161	168	7.00
49	173	179	6.00
36	155	161	6.00
12	141	147	6.00
11	182	187	5.00

表4.37（续）

30	182	187	5.00
32	158	163	5.00
69	181	185	4.00
54	158	162	4.00
31	180	182	2.00
14	164	166	2.00
64	175	175	0.00
65	171	171	0.00
46	176	174	−2.00
9	165	163	−2.00
18	160	157	−3.00
23	202	198	−4.00
8	182	178	−4.00
44	180	176	−4.00
62	172	168	−4.00
45	149	144	−5.00
7	174	168	−6.00
22	200	190	−10.00
10	168	158	−10.00
1	177	154	−23.00

从表4.37中可以看出，大多数学生的后测数值较前测数值增加，学生们的文化敏感度获益值为-23.00~21.00。在45名学生中，30名学生（约占66.7%）的文化敏感度提高2名学生（约占4.4%）的文化敏感度没有发生变化，有12名学生（约占26.7%）的文化敏感度降低。

在图4.5中，不仅可以看到学生们的文化敏感度的变化趋势，还可以看到学生们的文化敏感度经历了不同的变化。图4.5中，大多数学生的文化敏感度达到平均值5.27。然而，也有少部分学生的文化敏感度表现出下降趋势，没有达到平均值。文化敏感度呈下降趋势的学生在图4.5中集中在横轴0.00点的左侧，数量很少。

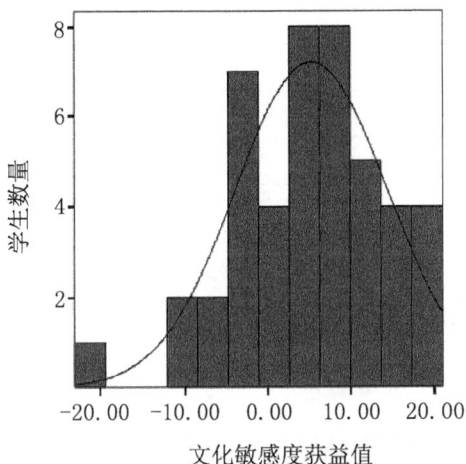

图4.5　研究对象文化敏感度变化情况

在图4.6中，从0.00向上延伸的部分为文化敏感度提高的变化情况，从0.00向下延伸的部分为文化敏感度降低的变化情况。横轴为参加该项目的学生的编号，纵轴显示了学生项目开始前文化敏感量度量值和项目结束后文化敏感度量值的差值。图4.6非常直观地展示出，文化敏感度提高的学生占绝大多数，有一名学生的文化敏感度降低了23.00，其他11名学生的文化敏感度下降值均在10.00以内。

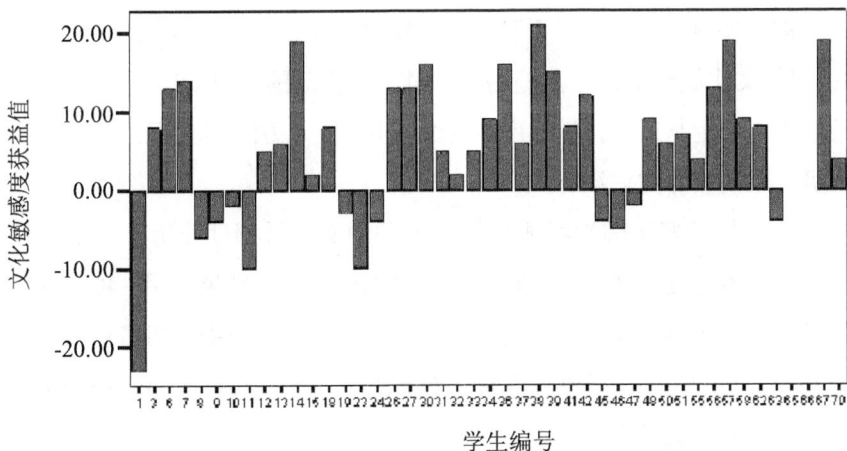

图4.6　研究对象文化敏感度获益值柱状图

为了更好地理解学生们文化敏感度获益值中存在的变量，研究者将所收集到的所有数据分成两组，以前测数值的平均值166.33为分界点，前测数值超过166.33的为高文化敏感度组，前测数值低于166.33为低文化敏感度组。4.38为低文化敏感度组与高文化敏感度组数据对比。

表4.38　低文化敏感度组与高文化敏感度组文化敏感度获益值数据对比

	低文化敏感度组	高文化敏感度组
中值	8.00	4.50
众数	6.00	-4.00
方差	62.214	98.522
范围	31.00	42.00
最小值	-10.00	-23.00
最大值	21.00	19.00

低文化敏感度组的文化敏感度获益值的平均值为7.285 7，而高文化敏感度组的文化敏感度获益值的平均值为3.500 0，可以看到最初文化敏感度较低的学生们在出国学习过程中文化敏感度获益更多。通过对低文化敏感度组和高文化敏感度组的标准方差值比对，可以看到高文化敏感度组的方差为98.522，变化范围为42.00；而低文化敏感度组的方差为62.214，变化范围为31.00。结果表明，高文化敏感度组的学生与低文化敏感度组的学生相比，在国外的学习经历了更为广泛的或积极、或消极的文化经历。

小结：参加短期出国学习项目的学生们的文化敏感度经历了一定变化，大多数学生文化敏感度提高，少数学生文化敏感度降低。结果表明，项目开始前文化敏感量度量值相对较高的学生们，在短期出国学习项目中经历了更为广泛的变化。那些项目开始前文化敏感量度量值较高的学生们在出国学习过程中更容易提高或降低其的文化敏感度。

2.在短期出国学习项目中学生文化敏感度和语言熟练度变化之间的关系

本分析中所使用的数据为采用跨文化敏感度量表采集到的学生在项目开始前后和项目结束后的文化敏感度量值，以及口语能力测试成绩。采用皮尔森积

of host country].It was learning to appreciate the culture.Language was a door for me that I needed to open to get access to the North America,especially Canada culture and English.I am a student from International Research Department;I knew that language was a door for other aspects of immersion in the culture.）

（张丽　2011.08.05）

李晓萌出国学习的动机和大家稍有不同。在参加该项目前，她一直梦想着可以出国深造，她渴望在国外学校中完成自己的学业，于是为了做好充足的准备，虽然没有参加过任何的课外补习，她一直在努力自学英语。在所有学科中，她的英语成绩一直是最好的。在高中阶段她曾经申请过两次国际学生交换项目，但是都没有成功，这一次可以如愿以偿，她满怀希望和理想踏上了出国之旅。

我出国是目的是为了提高我的口语流利度，当然文化的学习也是最重要的原因之一。正如我曾经说过的，如果有机会出国学习，我一定珍惜这个机会，努力学习。出国学习是我梦想，一切都是那样的新鲜、有趣。所以，我要不断地学习。不仅仅是学习加拿大文化，也同样要了解世界。这是我第一次出国学习，我会到处旅游，来了解世界。

（The big part of it was to learn another language to a high level of fluency.That was a big part of it and to learn the culture.As I said before,when I have a change to go abroad I will treasure the chance and try my best to study hard.It was my dream to go abroad and everything will be interesting and exciting for me.So it was learning,I was all new,it was to learn about Canadian people and that part of the world.You know,I did not first time want to be abroad,I was willing to go anywhere to experience another culture.）

（李晓萌　2011.08.07）

在访谈中谢莉的回答包含有集中不同的学习动机，如学习语言、学习文化、

矩相关系数（Pearson product-moment correlation coefficient）[1]来明确讨论本研究中文化敏感度的变化和口语能力的变化之间的关系。表4.39为皮尔森积差相关分析——文化敏感度与口语能力。

表4.39　皮尔森积差相关分析——文化敏感度与口语能力

		文化敏感度获益
口语能力获益	皮尔森积矩相关系数	-0.301（＊）
	显著性（双侧）	0.044
	样本	45

*显著性sig值小于0.05（双侧）。

在表4.39中可以看到，显著性（双侧）为0.044，P<0.05。根据皮尔森积矩相关系数为-0.301，文化敏感度获益和口语能力获益呈负相关关系，即当一个变量值越大，另一个变量值越小。值得一提的是，在这里显著性平均值P<0.05，即在小于5%的概率上是相等的，而在大于95%的概率上不相等。因此认为原假设不成立，文化敏感度的变化与口言能力的变化之间不存在相关性。

4.2.2　学习动机强度

选择出国学习的学生们学习动机各不相同，1990年，Carlson等指出：大多数学生出国学习的动机都会均衡包括：体会跨文化交际经历、提高外语能力、渴望熟悉国外的文化与生活、渴望旅行、期待着获得全新的知识与全新的生活经历。下面将对研究对象在项目开始前、项目结束后学习动机的变化情况从定量与定性两个方面展开分析。

1.研究对象的出国学习动机

在所进行的访谈中，研究对象有的学习动机强烈，有的学习动机薄弱，有的目标坚定，有的茫然……有些学生希望可以在国外的学习中获得目标语言的进

---

[1]皮尔森积矩相关系数(Pearson product-moment correlation coefficient)是一种线性相关系数。皮尔森积矩相关系数是用来反映两个变量线性相关程度的统计量。相关系数用r表示，n为样本量。r描述的是两个变量间线性相关强弱的程度。r的绝对值越大表明相关性越强。

步，有些学生渴望着去感受不同的文化，有些学生渴望着去体验完全不同的新鲜生活经历。学生们渴望在出国学习期间获得跨文化经历，这份心情和新奇的感觉与Carlson等的看法基本相似。"跨文化"这个概念可以非常好地诠释研究对象对出国学习的渴望，准确地说，他们渴望的是在跨文化背景下的"跨文化受教育机会"。正如陈述在访谈中说道：

> 很难记清是什么时候开始我对出国学习感兴趣，我始终认为出国学习就是要学习新的文化和跨文化知识。我不知道这一切将怎样改变我，但是我坚信我应该选择留学，应该在新的环境中接受教育。
>
> （I cannot recall a specific time when I became interested in living abroad. It was something that was there always…there was that learning the culture and cross-culture.I do not know how it will change me,I just knew it was something I should do…to be educated in a new culture.）
>
> （陈述　2011.07.27）

并不是所有的学生在走出国门之前都知道自己将要面临的机会和挑战，有些学生在旅途开始后内心仍然很迷茫。虽然在学生们的心中知道这次出国学习一定会给他们的生活带来改变，但是对于将要经历什么，会有哪些收获，他们心里并没有明确的答案。游程杰在访谈中说道：

> 对于出国学习的渴望驱使我出国。我不知道从什么开始这种渴望开始滋长，也许是在小学。但是无论如何，我真的想要出国学习。我有这种渴望。
>
> （Going abroad to study was an itch compelling me to go abroad.I do not know when it developed,maybe during my primary school days.But for whatever reason,I really wanted to go abroad.I had this itch.）
>
> （游程杰　2011.08.03）

一些学生出国的动机是学习语言，获得语言能力上的进步。在所进行的访谈中，我们不难发现，7名具有相同学习经历和学习背景的研究对象在陈述自己出国学习的动机的时候，都表达出因为曾经有过出国学习或者旅游的经历，深深被国外的文化和景色所吸引，因此希望可以通过这次出国学习获得语言能力上的进步，为自己的事业和学业争取更多的机会。特别是李冰,她是一名国际研究专业一年级的学生，曾经前往英语国家两次，一次是参加加拿大为期三周的家庭住宿项目，一次是为期一周的塞班岛旅游。在她的个人成长经历中，出国学习和旅游的机会使她对国外的生活的人文环境和文化环境特别神往，于是在参加这次出国学习项目的过程中，她的内心充满了希望和期待。

> 我从来没有想家的时候，也从来没有想回家。因为出国学习是我的梦想。我曾经出国两次，那迷人的景色和文化使我流连忘返。所以，这次是我获得新知识、开阔眼界的机会，而这一切也会使我的事业获益。
>
> （I was never homesick and never wanted to go home,but maybe this was because of the kind of dream I am expecting.I have been abroad twice.I am crazy about the beautiful scenery and culture.So this is a change for me to get new knowledge and to open my horizon which will benefit my career in the future.）
>
> （李冰　2011.08.03）

参加出国学习项目的学生们，有很多都在访谈中表示其出国学习的最大动机是在学习新文化的同时获得语言能力上的提高。张丽在访谈中表示：

> 降低学习语言的意识是危险的。我们要学会去欣赏对方的文化，而语言则是一扇帮助我们来了解北美的文化的门，特别是加拿大的文化和语言。我是一名来自国际研究专业的学生，我深知语言在文化学习中的重要意义。
>
> （It is dangerous to reduce the purpose of learning the language [language

开阔视野、实现父母的理想等。她的出国学习动机包含了学术、家庭及社会的因素。她的学习动机既有自己的真实想法，又有来自于家人的鼓励和影响。她的出国学习动机中包含有每个研究对象的理想，他们的共同希望，也包含有家人对他们未来的设想。这样学习动机下也同样会带来个人理想的改变和为实现理想而付出的努力。

  对于出国学习，我的首选国家为加拿大。因为我的父母曾经在加拿大生活过几年，所以我们的家庭有一些加拿大朋友。我喜欢旅行，提起学习的时候我往往没有那么兴奋。我的父母特别支持我出国学习，告诉我可以在加拿大找到更多机会、开阔我的视野。另外值得一提的人物，就是我的大学老师唐教授。他经常在课堂上鼓励我发言，使我对新的文化和人民感到充满了兴趣。

  （I always have seen it [Canada] as a place that I would like to tour.I had knew Canadian people,because my parents had even been there twice and they had some Canadian friends.My fascination first was for travel,I never ever thought for studying there.Then,my parents told me that I should try to study in Canada where I will find more opportunities and open my mind.And another person I want to mention is my teacher in the university——professor Tang.He told me that I need to get out there;I need to pursue something that I have a talent in and interest in,and I need to defy all the odds that are against me.And in the class he showed me the picture of Canada and he talked about it to encourage me.So I am shocked about the culture,the people,and the language there.）

（谢莉　2011.08.07）

  出国学习是一个充满不确定因素的旅程，研究对象怀抱各自不同的学习动机和理想开始了这次经历。拥有不同学习动机的学生们在经历了短期出国学习项目后，是否在语言熟练度上获得了相同的进步？在经历了出国学习后学生们的学习动机强度发生了哪些变化？下面将对所收集到的数据进行量化分析。

2.研究对象学习动机强度变化情况量化分析

关于学生在出国学习期间学习动机强度经历了哪些变化这个问题，采用学习动机强度量表来完成数据的收集和整理，得到学生项目开始前学习动机强度（前测数值）、项目结束后学习动机强度（后测数值）。表4.40为研究对象前测数值、后测数值和学习动机强度获益值。

表4.40　研究对象前测数值、后测数值和学习动机强度获益值

	数量	范围	最小值	最大值	平均值	标准误差	标准差	方差
前测数值	45	15.00	20	36	29.31	0.573	3.842	14.765
后测数值	45	15.00	21	36	30.47	0.592	3.969	15.755
学习动机强度获益值	45	14.00	-6.00	8.00	1.155 6	0.465 97	3.125 81	9.771

在项目开始前，学生们的学习动机强度的平均值为29.31，最小值为20，最大值为36；在项目结束后，学生们的学习动机强度的平均值为30.47，最小值为21，最大值为36。可以看出，学生们的学习动机强度整体提高了。为了进一步研究学生们的整体学习动机强度，采用配对样本T检验的方式进行数据分析。T检验结果如下：学生们的学习动机强度获益值的平均值约为1.2，配对偏差值为5.267，概率$P=0.017$,明显小于临界值0.05，说明前测与后测差异并不显著，学生们经历了短期的出国学习后学习动机强度没有发生显著变化。

表4.41中列出了学生们在项目开始前和项目结束后学习动机强度的不同数值，比对得出学生个体学习动机强度提高或降低情况。表4.41中按照学习动机强度获益值从大到小的顺序对学生进行排列。每名学生的编号被列在表前，以便清晰地了解到每一名学生在参加项目过程中的学习动机强度变化情况。

矩相关系数（Pearson product-moment correlation coefficient）[1]来明确讨论本研究中文化敏感度的变化和口语能力的变化之间的关系。表4.39为皮尔森积差相关分析——文化敏感度与口语能力。

表4.39 皮尔森积差相关分析——文化敏感度与口语能力

		文化敏感度获益
口语能力获益	皮尔森积矩相关系数	-0.301（*）
	显著性（双侧）	0.044
	样本	45

*显著性sig值小于0.05（双侧）。

在表4.39中可以看到，显著性（双侧）为0.044，P<0.05。根据皮尔森积矩相关系数为-0.301，文化敏感度获益和口语能力获益呈负相关关系，即当一个变量值越大，另一个变量值越小。值得一提的是，在这里显著性平均值P<0.05，即在小于5%的概率上是相等的，而在大于95%的概率上不相等。因此认为原假设不成立，文化敏感度的变化与口言能力的变化之间不存在相关性。

4.2.2 学习动机强度

选择出国学习的学生们学习动机各不相同，1990年，Carlson等指出：大多数学生出国学习的动机都会均衡包括：体会跨文化交际经历、提高外语能力、渴望熟悉国外的文化与生活、渴望旅行、期待着获得全新的知识与全新的生活经历。下面将对研究对象在项目开始前、项目结束后学习动机的变化情况从定量与定性两个方面展开分析。

1.研究对象的出国学习动机

在所进行的访谈中，研究对象有的学习动机强烈，有的学习动机薄弱，有的目标坚定，有的茫然……有些学生希望可以在国外的学习中获得目标语言的进

---

[1]皮尔森积矩相关系数(Pearson product-moment correlation coefficient) 是一种线性相关系数。皮尔森积矩相关系数是用来反映两个变量线性相关程度的统计量。相关系数用r表示，n为样本量。r描述的是两个变量间线性相关强弱的程度。r的绝对值越大表明相关性越强。

步，有些学生渴望着去感受不同的文化，有些学生渴望着去体验完全不同的新鲜生活经历。学生们渴望在出国学习期间获得跨文化经历，这份心情和新奇的感觉与Carlson等的看法基本相似。"跨文化"这个概念可以非常好地诠释研究对象对出国学习的渴望，准确地说，他们渴望的是在跨文化背景下的"跨文化受教育机会"。正如陈述在访谈中说道：

> 很难记清是什么时候开始我对出国学习感兴趣，我始终认为出国学习就是要学习新的文化和跨文化知识。我不知道这一切将怎样改变我，但是我坚信我应该选择留学，应该在新的环境中接受教育。
>
> （I cannot recall a specific time when I became interested in living abroad. It was something that was there always…there was that learning the culture and cross-culture.I do not know how it will change me,I just knew it was something I should do…to be educated in a new culture.）
>
> （陈述　2011.07.27）

并不是所有的学生在走出国门之前都知道自己将要面临的机会和挑战，有些学生在旅途开始后内心仍然很迷茫。虽然在学生们的心中知道这次出国学习一定会给他们的生活带来改变，但是对于将要经历什么，会有哪些收获，他们心里并没有明确的答案。游程杰在访谈中说道：

> 对于出国学习的渴望驱使我出国。我不知道从什么开始这种渴望开始滋长，也许是在小学。但是无论如何，我真的想要出国学习。我有这种渴望。
>
> （Going abroad to study was an itch compelling me to go abroad.I do not know when it developed,maybe during my primary school days.But for whatever reason,I really wanted to go abroad.I had this itch.）
>
> （游程杰　2011.08.03）

　　一些学生出国的动机是学习语言，获得语言能力上的进步。在所进行的访谈中，我们不难发现，7名具有相同学习经历和学习背景的研究对象在陈述自己出国学习的动机的时候，都表达出因为曾经有过出国学习或者旅游的经历，深深被国外的文化和景色所吸引，因此希望可以通过这次出国学习获得语言能力上的进步，为自己的事业和学业争取更多的机会。特别是李冰，她是一名国际研究专业一年级的学生，曾经前往英语国家两次，一次是参加加拿大为期三周的家庭住宿项目，一次是为期一周的塞班岛旅游。在她的个人成长经历中，出国学习和旅游的机会使她对国外的生活的人文环境和文化环境特别神往，于是在参加这次出国学习项目的过程中，她的内心充满了希望和期待。

　　　　我从来没有想家的时候，也从来没有想回家。因为出国学习是我的梦想。我曾经出国两次，那迷人的景色和文化使我流连忘返。所以，这次是我获得新知识、开阔眼界的机会，而这一切也会使我的事业获益。

　　　　（I was never homesick and never wanted to go home, but maybe this was because of the kind of dream I am expecting. I have been abroad twice. I am crazy about the beautiful scenery and culture. So this is a change for me to get new knowledge and to open my horizon which will benefit my career in the future.）

　　　　　　　　　　　　　　　　　　　　　　　（李冰　2011.08.03）

　　参加出国学习项目的学生们，有很多都在访谈中表示其出国学习的最大动机是在学习新文化的同时获得语言能力上的提高。张丽在访谈中表示：

　　　　降低学习语言的意识是危险的。我们要学会去欣赏对方的文化，而语言则是一扇帮助我们来了解北美的文化的门，特别是加拿大的文化和语言。我是一名来自国际研究专业的学生，我深知语言在文化学习中的重要意义。

　　　　（It is dangerous to reduce the purpose of learning the language [language of host country].It was learning to appreciate the culture.Language was a door for me that I needed to open to get access to the North America,especially Canada culture and English.I am a student from International Research Department;I knew that language was a door for other aspects of immersion in the culture.）

（张丽　2011.08.05）

李晓萌出国学习的动机和大家稍有不同。在参加该项目前，她一直梦想着可以出国深造，她渴望在国外学校中完成自己的学业，于是为了做好充足的准备，虽然没有参加过任何的课外补习，她一直在努力自学英语。在所有学科中，她的英语成绩一直是最好的。在高中阶段她曾经申请过两次国际学生交换项目，但是都没有成功，这一次可以如愿以偿，她满怀希望和理想踏上了出国之旅。

我出国是目的是为了提高我的口语流利度，当然文化的学习也是最重要的原因之一。正如我曾经说过的，如果有机会出国学习，我一定珍惜这个机会，努力学习。出国学习是我梦想，一切都是那样的新鲜、有趣。所以，我要不断地学习。不仅仅是学习加拿大文化，也同样要了解世界。这是我第一次出国学习，我会到处旅游，来了解世界。

（The big part of it was to learn another language to a high level of fluency.That was a big part of it and to learn the culture.As I said before,when I have a change to go abroad I will treasure the chance and try my best to study hard.It was my dream to go abroad and everything will be interesting and exciting for me.So it was learning,I was all new,it was to learn about Canadian people and that part of the world.You know,I did not first time want to be abroad,I was willing to go anywhere to experience another culture.）

（李晓萌　2011.08.07）

在访谈中谢莉的回答包含有集中不同的学习动机，如学习语言、学习文化、

表4.41　个体学习者前测数值、后测数值及学习动机强度获益值

学生编号	前测数值	后测数值	学习动机强度获益值
62	22	30	8.00
35	26	33	7.00
54	26	33	7.00
1	24	31	7.00
66	27	33	6.00
69	27	33	6.00
14	30	35	5.00
13	29	33	4.00
50	25	29	4.00
57	28	31	3.00
56	25	28	3.00
55	33	35	2.00
47	32	34	2.00
26	31	33	2.00
12	29	31	2.00
25	28	30	2.00
33	27	29	2.00
09	22	24	2.00
29	32	33	1.00
17	30	31	1.00
49	30	31	1.00
37	26	27	1.00
44	26	27	1.00
18	25	26	1.00
41	20	21	1.00
2	19	20	1.00
5	34	34	0.00

表4.41（续）

8	34	34	0.00
64	31	31	0.00
22	29	29	0.00
30	28	28	0.00
40	28	28	0.00
7	33	32	-1.00
11	33	32	-1.00
31	33	32	-1.00
32	32	31	-1.00
46	27	26	-1.00
61	33	31	-2.00
45	29	27	-2.00
10	22	20	-2.00
23	35	32	-3.00
38	30	27	-3.00
6	27	24	-3.00
36	27	23	-4.00
65	30	24	-6.00

从表4.41中可以看出，大多数学生的学习动机强度后测数值较前测数值增加。同时可以看出，学生们的学习动机强度获益值为-6~8。在45名学生中，26名学生（约占57.7%）的学习动机强度提高，6名学生（约占13.3%）的学习动机强度没有发生变化，13名学生（约占28.9%）的学习动机强度降低。

在图4.7中，不仅可以看到学生们的学习动机强度的变化趋势，还可以看到学生们的学习动机强度经历了不同的变化。图4.7中，大多数学生的学习动机强度获益值在0.00附近。虽然部分学生的学习动机强度呈提高趋势，但是变化不是很大；同时也有部分学生的学习动机强度表现出降低趋势。由于总体增加的学习动机强度量值，与减少的学习动机强度量值基本持平，因此有平均值趋向于0.00的结果。

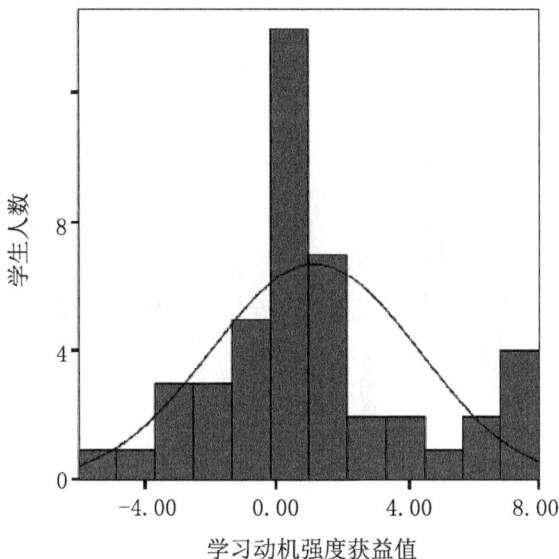

图 4.7　研究对象学习动机强度变化情况

　　在图4.8中，从0.00向上延伸的部分为学习动机强度提高的变化情况，从0.00向下延伸的部分为学习动机强度降低的变化情况。横轴为参加该项目的学生的编号，纵轴显示了学生项目开始前学习动机强度和项目结束后学习动机强度的差值。图4.8非常直观地展示出，学习动机强度提高的学生数量占绝大多数，1名学生的学习动机强度提高了8.00，3名学生的学习动机强度提高了7.00，2名学生的学习动机强度提高了6.00，1名学生的学习动机强度提高了5.00，2名学生的学习动机强度提高了4.00，2名学生的学习动机强度提高了3.00，7名学生的学习动机强度提高了2.00，8名学生的学习动机强度提高了1.00。在学习动机强度降低的学生中，1名学生的学习动机强度降低了6.00，5名学生的学习动机强度降低了1.00，3名学生的学习动机强度降低了2.00，3名学生的学习动机强度降低了3.00，1名学生的学习动机强度降低了4.00。最值得一提的是，6名学生的学习动机强度没有发生任何变化。

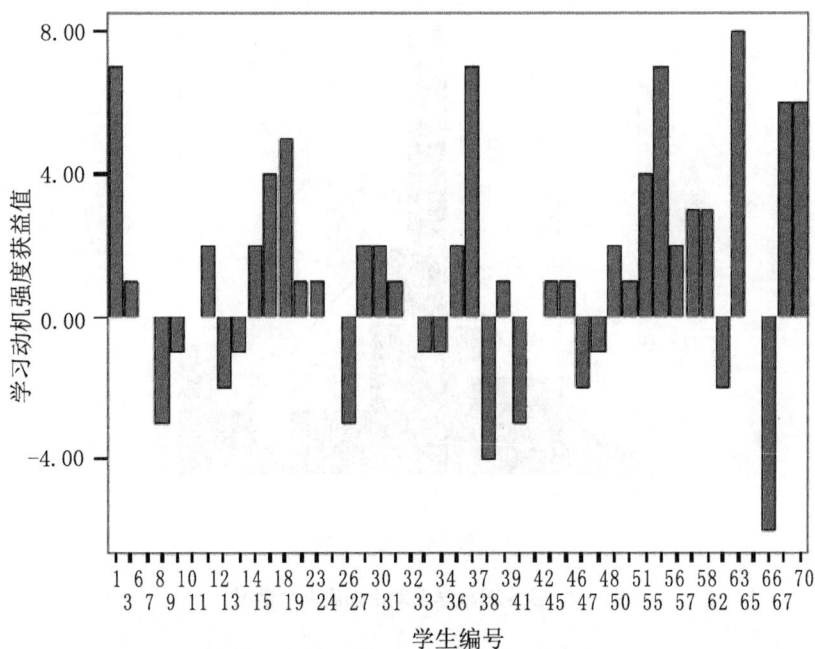

图4.8　研究对象学习动机强度获益值柱状图

　　为了更好地理解学生们的学习动机强度获益值中存在的变量，研究者将所收集到的所有数据分成两组，以前测数值的平均值29.31为分界点，前测数值超过29.31的为高学习动机强度组，前测数值低于29.31的为低学习动机强度组。低学习动机强度组的前测数值平均值比后测数值平均值高2.26。另一方面，高学习动机强度组的学习动机强度获益值的平均值为0.00。这表明，高学习动机强度组的学生较低学习动机强度组的学生们学习英语的学习动机强度的提升度低一些。然而，高学习动机强度组的绝对偏差为2.45，这意味着尽管其学习动机强度获益值的平均值为0.00，但是在这一小组中仍然有部分学生的学习动机强度经历了变化，有所提高。表4.42为低学习动机强度组与高学习动机强度组学习动机强度获益值数据对比。

表4.42　低学习动机强度组与高学习动机强度组学习动机强度获益值数据对比

	低学习动机强度组	高学习动机强度组
平均值	2.26	0.00
中值	2.00	0.00
众数	1.00	-1.00
绝对偏差	3.35	2.45
方差	11.20	6.00
范围	12.00	11.00
最小值	-4.00	-6.00
最大值	8.00	5.00

　　在高学习动机强度组与低学习动强度组的学习动机强度获益值范围差别很小。这表明，学生们的学习动机强度并不随着其他变量的改变而发生变化。高学习动机强度组的学习动机强度获益值范围更大一些。高学习动机强度组的学生们在国外学习期间，学习动机强度获益值很小，个体之间的差异值也很小。这个结果似乎和前面的文献回顾中Masgoret和Gardner的观点相同，在出国学习的过程中学生们的学习动机强度既不会显著提高，也不会明显降低。在本研究中学生们的学习动机强度有显著的提高，但是提高幅度很小。研究表明，学生们的学习动机强度在出国学习过程中不会有太大的改变。但是，学生们学习动机强度的变化范围和内容形式各不相同，这就是很难对整体模式给出严格而确切的结论的原因。同时，在研究中也发现学习动机强度变化虽然不大，但是变化的范围却很广泛。

　　小结：参加短期出国学习项目的学生们的学习动机强度在整体上经历了一定变化，大多数学生的学习动机强度提高，少数学生的学习动机强度降低，但是无论是提高或是降低，数值显示都不是很明显。在短期出国学习项目中，在项目开始前学习动机强度较低的学生们的学习动机强度，比起那些在项目开始前学习动机强度相对较高的学生们，经历的变化范围更广。在这个层面上，短息出国学习项目中学习动机强度的变化情况和学生的口语流利度、文化敏感度的变化情况相似。可以看出，最初具有较高学习动机强度的学生们的学习动机强度变化不显著，最初具有较低学习动机强度的学生们的学习动机强度的变化相对显著。

4.2.3 小结

参加短期出国学习项目的学生们的文化敏感度经历了一定变化，大多数学生文化敏感度提高，少数学生文化敏感度降低。结果表明，项目开始前文化敏感度相对较高的学生们，在短期出国学习项目中经历了更为广泛的变化。那些在项目开始前具有较高文化敏感度的学生们在出国学习过程中更容易提高或降低他们的文化敏感度。同时，参加短期出国学习项目的学生们的学习动机强度在整体上经历了一定变化，大多数学生学习动机强度提高，少数学生动机强度降低，但是无论是提高或是降低，数值显示都不是很明显。在短期出国学习项目中，在项目开始前学习动机强度相对较低的学生们，比起那些在项目开始前学习动机强度相对较高的学生们，经历的变化范围更广。最初具有较高学习动机强度的学生们的学习动机强度变化不显著；最初具有较低学习动机强度的学生们，学习动机强度的变化相对显著。另外文化敏感度和学生们的语言熟练度发展变化之间没有必然的联系。分析结果并不能说明两者之间的提高或降低有相互作用，相互影响。

4.3 国内与国外不同的语言学习环境对第二语言学习的影响

在短期出过国学习过程中，研究对象经过了为期四周的出国学习后，与在国内参加该项目前相比，无论是第二语言接触的数量还是种类，都发生较大变化；虽然学生们在国外语境中关于理解输入量的改变并不是十分明显，但是在以双向交流为基础的国外学习语境中，研究对象可以得到更多的输入理解量；项目进行期间与项目开始前相比较，她们有更多第二语言文本媒体接触机会，而且这些接触机会种类繁多。在本研究中的第三个问题"国外的英语学习环境与出国学习前的英语学习环境有哪些不同之处？"将国外的英语学习环境和出国学习前的英语学习环境进行比较，最大的不同就是：研究对象与第二语言在文本媒体接触和高输入接触方面，接触量明显增多。同时，在国外语言学习环境中，以交流为主的第二语言的学习环境中，由输入带来的理解量、实践产出量，由输出带来的理解量，以及交流条件都明显高于在国内学习的语言环境。Davidson认为，国外语境有助于语言熟练度提高，出国前做的阅读和掌握的语法技能是国外语境中学习成功的条件。在本节中将对研究问题三所收集到的数据进行分析和阐述。

4.3.1 第二语言接触

在项目开始前，留学小组中的研究对象每周的文本媒体接触量的平均值为18.195，见表4.43。在项目进行期间，留学小组成员每周的文本媒体接触量的平均值为69.125。方差分析显示这两个平均值在数据统计上有极大不同：$F_{(1,10)}=5.966$，$P<0.05$，效应幅度大于0.325（$f=0.518$）。因此可以看出在项目进行期间的每一周，研究对象的第二语言文本媒体接触量都明显多于其在项目开始前的每周的第二语言文本媒体接触量。

表4.43 留学小组成员第二语言文本媒体接触量

姓名	出国学习前的语言学习环境		国外的语言学习环境	
	日期	文本媒体接触量	日期	文本媒体接触量
李冰	07/04	33	08/07	44
	07/11	42	08/14	47
	07/18	33	08/21	66
			08/28	70
游程杰	07/04	16	08/07	121
	07/11	12	08/14	42
	07/18	0	08/21	35
			08/28	419
张丽	07/04	14	08/07	96
	07/11	8	08/14	117
	07/18	1	08/21	68
			08/28	116

表4.43（续）

姓名	出国学习前的语言学习环境		国外的语言学习环境	
	日期	文本媒体接触量	日期	文本媒体接触量
陈述	07/04	16	08/07	37
	07/11	15	08/14	39
	07/18	18	08/28	17
李小萌	07/04	1	08/07	18
	07/11	2	08/14	15
	07/18	0	08/21	40
			08/28	32
谢莉	07/04	41	08/07	35
	07/11	31	08/14	23
	07/18	29	08/21	51
			08/28	80
平均值		18.195		69.125

与此同时，在项目开始前留学小组成员每周收到的第二语言文本媒体接触种类的平均值为4.723，而在项目进行期间，留学小组成员每周收到的第二语言文本媒体接触种类的平均值为8.93，见表4.44。方差分析显示这两个平均值之间有显著不同，$F_{(1,10)}=29.832$，$P<0.001$，效应幅度远远大于0.325（$f=2.782$）。因此可以看出，研究对象在项目进行期间，比起项目开始前，每周有大量的不同种类第二语言文本媒体接触机会。

表4.44　留学小组成员第二语言文本媒体接触种类

姓名	出国学习前的语言学习环境		国外的语言学习环境	
	日期	文本媒体接触种类	日期	文本媒体接触种类
李冰	07/04	6	08/06	11
	07/11	4	08/11	9
	07/18	5	08/19	10
			08/24	7

表4.44（续）

姓名	出国学习前的语言学习环境		国外的语言学习环境	
	日期	文本媒体接触种类	日期	文本媒体接触种类
游程杰	07/04	6	08/06	9
	07/11	5	08/11	8
	07/18		08/19	8
			08/24	8
张丽	07/04	7	08/06	10
	07/11	6	08/11	11
	07/18	1	08/19	11
			08/24	9
陈述	07/04	6	08/07	8
	07/11	4	08/19	10
	07/18	5	08/24	7
李小萌	07/04	1	08/06	8
	07/11	2	08/11	8
	07/18		08/19	10
			08/24	8
谢莉	07/04	5	08/06	9
	07/11	8	08/11	9
	07/18	7	08/19	9
			08/24	9
平均值		4.723		8.93

在项目开始前，留学小组成员每周的第二语言高输入接触量的平均值为9.167；在项目进行期间，留学小组成员每周的第二语言高输入接触量的平均值为169.388，见表4.45。用方差分析来核定这两个平均值之间的数据差别，结果显示$F_{(1,10)}=2.872$，$P<0.150$，效应幅度大于0.325（$f=0.346$）。值得注意的是，这两个平均值之间没有发现明显的数据差值是因为在项目进行期间第二语言高输

入接触量的报告中所存在的极大的标准差[1]。这些极大的标准差主要是来自一名研究对象（张丽）。这名研究对象的报告显示，其在项目进行期间每周的第二语言高输入接触量分别为787，812，623和332。与张丽相比，其他任何一名研究对象（如李小萌）在项目进行期间任意一周的最大高输入接触量都要小很多。如果将张丽报告中项目开始前和项目进行期间的高输入接触量去掉，那么在项目开始前研究对象每周的第二语言高输入接触量的平均值为9.934，在项目进行期间研究对象每周的第二语言高输入接触量的平均值为75.566。方差分析用来核定这两组平均值之间的不同，发现有显著的差异，$F(1,8)=21.231$，$P<0.005$,效应幅度远远大于0.325（$f=1.092$）。因此，研究对象在项目进行期间每周的第二语言高输入接触量的平均值，远远高于其在项目开始每周的高输入接触量的平均值。

表4.45 留学小组成员第二语言高输入接触量

姓名	出国学习前的语言学习环境		国外的语言学习环境	
	日期	高输入接触量	日期	高输入接触量
李冰	07/04	3	08/06	111
	07/11	3	08/11	63
	07/18	8	08/19	70
			08/24	64
游程杰	07/04	15	08/06	180
	07/11	5	08/11	66
	07/18	0	08/19	32
			08/24	35

[1] 标准差（standard deviation）也称均方差（mean square error），是各数据偏离平均数的距离的平均数，它是离均差平方和平均后的方根，用 σ 表示。标准差是方差的算术平方根。标准差能反映一个数据集的离散程度。一个较大的标准差，代表大部分数值和其平均值之间差异较大；一个较小的标准差，代表这些数值较接近平均值。标准差越大,表示实验数据越离散,也就是说越不精确。反之,标准差越小,代表实验的数据越精确。

表4.45（续）

姓名	出国学习前的语言学习环境		国外的语言学习环境	
	日期	高输入接触量	日期	高输入接触量
张丽	07/04	8	08/06	787
	07/11	4	08/11	812
	07/18	4	08/19	623
			08/24	332
陈述	07/04	11	08/07	29
	07/11	6	08/19	25
	07/18	5	08/24	22
李小萌	07/04	0	08/06	81
	07/11	0	08/11	108
	07/18	0	08/19	128
			08/24	67
谢莉	07/04	17	08/06	59
	07/11	46	08/11	138
	07/18	20	08/19	109
			08/24	99
平均值		9.167		169.388

同时，在项目开始前，留学小组成员每周收到的第二语言高输入接触种类的平均值为2.75，而在项目进行期间，留学小组成员每周收到的第二语言高输入接触种类的平均值为6.96，见表4.46。方差分析用来核定这两个平均值之间的不同，$F(1,10)=25.782$，$P<0.001$，效应幅度远远大于0.325（$f=2.020$），发现两个平均值之间有显著差异，说明项目开始前和项目进行期间留学小组成员的第二语言高输入接触种类存在显著差异。因此，留学小组成员在项目进行期间每周收到的第二语言高输入接触种类，远远多于其在项目开始前每周的高输入接触种类。

表4.46　留学小组成员第二语言高输入接触种类

姓名	出国学习前的语言学习环境		国外的语言学习环境	
	日期	高输入接触种类	日期	高输入接触种类
李冰	07/04	2	08/06	6
	07/11	1	08/11	8
	07/18	4	08/19	5
			08/24	5
游程杰	07/04	5	08/06	6
	07/11	2	08/11	9
	07/18	0	08/19	7
			08/24	7
张丽	07/04	3	08/06	9
	07/11	2	08/11	8
	07/18	2	08/19	7
			08/24	10
陈述	07/04	4	08/07	6
	07/11	3	08/19	7
	07/18	2	08/24	5
李小萌	07/04	0	08/06	8
	07/11	0	08/11	5
	07/18		08/19	7
			08/24	5
谢莉	07/04	5	08/06	7
	07/11	6	08/11	10
	07/18	5	08/19	7
			08/24	7
平均值		2.75		6.96

在项目开始前，留学小组成员来自对话的第二语言高输入接触量占全部第二

语言高输入接触量的32.86%；在项目进行期间，留学小组成员来自对话的第二语言高输入接触量占全部第二语言高输入接触量的47.27%。方差分析显示 $F(1,10)=2.556$，$P<0.15$，效应幅度大于0.325（$f=0.518$），说明在项目开始前和项目进行期间，留学小组成员来自对话的第二语言高输入接触量占全部第二语言高输入接触量的比例存在显著差异。因此可以看出，留学小组成员在项目进行期间通过对话获得的第二语言高输入接触量占全部第二语言高输入接触量的比例大于其在项目开始前通过对话获得的第二语言高输入接触量占全部第二语言高输入接触量的比例。

在项目开始前，留学小组成员来自课堂的第二语言高输入接触量占全部第二语言高输入接触量的27.24%；在项目进行期间，留学小组成员来自课堂的第二语言高输入接触量占全部第二语言高输入接触量的10.84%。方差分析显示 $F(1,10)=3.64$，$P<0.10$，效应幅度大于0.325（$f=1.438$），说明在项目开始前和项目进行期间，留学小组成员来自课堂的第二语言高输入接触量占全部第二语言高输入接触量的比例存在显著差异。因此可以看出，留学小组成员在项目进行期间通过课堂获得的第二语言高输入接触量占全部第二语言高输入接触量的比例小于其在项目开始前通过课堂获得的第二语言高输入接触量占全部第二语言高输入接触量的比例。

小结：项目进行期间与项目开始前相比，留学小组成员的第二语言接触无论是数量还是种类，都发生较大变化。首先，项目进行期间与项目开始前相比较，留学小组成员有更多第二语言文本媒体接触机会，而且这些接触机会种类繁多。其次，项目进行期间与项目开始前相比，留学小组成员有更多的第二语言高输入接触量，而且这些高输入接触机会也是种类繁多。最后，项目开始前相比，项目进行期间留学小组成员通过对话获得了更多的第二语言高输入接触机会，通过课堂获得了较少的高输入接触接触机会。

4.3.2　输入条件

项目开始前，在研究对象汇报很难理解其谈话对象的谈话中，有3名研究对象报告说对谈话对象每分钟话语理解量的平均值为48.50，见表4.47。在项目进行期间，在各种谈话中研究对象对谈话对象每分钟话语理解量的平均值为48.58。用方差分析来显示这两个平均值之间的数据差别，发现没有明显的差别：$F(1,4)=0.001$，效应幅度小于0.325（$f=0.005$）。因此不可以得出结论认为留学小组中的研究对象在国外的语言学习环境中对谈话对象的理解能力一定高于其在出国学习前的语言学习环境中对谈话对象的理解能力。

表4.47 3名研究对象对谈话对象每分钟话语理解量（以秒为单位）

姓名	出国学习前的语言学习环境	国外的语言学习环境
游程杰	48.86	39.61
张丽	53.43	54.80
谢莉	43.20	51.33
平均值	48.50	48.58

在项目开始前，在研究对象汇报很难理解其谈话对象的谈话中，有3名研究对象报告说其在交谈中每分钟要求谈话对象重复或解释的次数的平均值为0.33，见表4.48。在项目进行期间，在相同种类的谈话中，研究对象在交谈中每分钟要求谈话对象重复或解释的次数的平均值为0.89。用方差分析来显示这两个平均值之间的数据差别，发现没有明显的差别：$F(1,4)=2.407$，效应幅度大于0.325（$f=0.490$）。因此可以看出，研究对象在项目进行期间，在以双向交流为基础的环境中，在交谈中每分钟要求谈话对象重复或解释的次数，明显多于其在出国学习前的语言学习环境中在交谈中每分钟要求谈话对象重复或解释的次数。

表4.48 3名研究对象在交谈中每分钟要求谈话对象重复或解释的次数

姓名	出国学习前的语言学习环境	国外的语言学习环境
游程杰	0.05	0.67
张丽	0.43	1.52
谢莉	0.52	0.47
平均值	0.33	0.89

小结：在国外的语言学习环境中的谈话，与在出国学习前的语言学习环境中的谈话相比，并没有为研究对象提供更多或更少的理解输入量。在以双向交流为基础的环境中，研究对象在国外的语言学习环境中可以得到更多的输入理解量。

4.3.3 输出条件

研究对象项目开始前的报告显示，在其谈话对象很难理解其谈话内容的谈话中，其每分钟话语量的平均值为37.34，见表4.49。在项目进行期间，在相同种类的谈话中，研究对象每分钟话语量的平均值为42.31。用方差分析来显示这两个平均值之间的数据差别，发现没有明显的差别：$F(1,4)=0.093$,效应幅度小于0.325（$f=0.160$）。因此可以看出，在以双向交流为基础的环境中，研究对象在国外的语言学习环境中，与在出国学习前的语言学习环境中相比较，并没有更多的话语产出量。

表4.49　3名研究对象每分钟话语量（以秒为单位）

姓名	出国学习前的语言学习环境	国外的语言学习环境
游程杰	13.02	28.92
张丽	58.00	38.00
谢莉	41.00	60.00
平均值	37.34	42.31

项目开始前，在研究对象汇报的其谈话对象很难理解其谈话内容的谈话中，交谈中谈话对象每分钟要求研究对象重复或解释的次数的平均值为0.74，见表4.50。在项目进行期间，在相同种类的谈话中，交谈中谈话对象每分钟要求研究对象重复或解释的次数的平均值为1.30。用方差分析来显示这两个平均值之间的数据差别，发现没有明显的差别：$F(1,4)=0.804$,效应幅度大于0.325（$f=0.338$）。因此可以看出，在以双向交流为基的环境中，研究对象在国外的语言学习环境中，与在出国学习前的语言学习环境中相比，在谈话中每分钟被要

求重复或解释的次数更多。

表4.50　3名研究对象交谈中谈话对象每分钟要求研究对象重复或解释的次数

姓名	出国学习前的语言学习环境	国外的语言学习环境
游程杰	0.38	1.17
张丽	1.51	2.19
谢莉	0.33	0.53
平均值	0.74	1.30

　　小结：从上面所讨论的内容来看，首先，出国学习前的语言学习环境和国外的语言学习环境的输出条件有所不同。其次，与在出国学习前的语言学习环境中相比，在国外的语言学习环境中研究对象的谈话并没有产生更多的话语输出量。最后，在国外的语言学习环境中，研究对象被鼓励产出更多的理解输出量。因此可以看出，在以双向交流为基础的环境中，国外的语言学习环境的输出条件较出国学习前的语言学习环境的输出条件更好一些。

4.3.4　交流条件

　　可以看出，与在出国学习前的语言学习环境中相比较，在国外的语言学习环境中研究对象与其交谈对象每分钟要求对方重复或解释的次数更多，因此也会产生更多的意义协商。

4.3.5　小结

　　通过上文对第二语言接触量、第二语言接触种类和接触条件的讨论，可以发现在国外的语言学习环境中和在出国学习前的语言学习环境中语言学习的不同之处，国外的语言学习环境极大地促进了第二语言的学习。研究对象在国外的语言学习环境中有了更多的第二语言接触（文本媒体接触和高输入接触）机会。在国外的语言学习环境中，研究对象第二语言文本媒体和高输入接触种类更多。

　　同时，在以双向交流为基础的环境中，在输入条件、输出条件和交流条件上，出国学习前的语言学习环境和国外的语言学习环境有所不同。首先，在两种语言环境中研究对象所接收到的可理解输入量没有不同。在国外的语言学习环境中，研究对象接收到更多的输入理解量。其次，将国外的语言学习环境与在出国学习前的语言学习环境相比较，研究对象在其中并没有更多的语言产出量；研究对象更多地被鼓励去产出更多的理解输出量。最后，研究对象和其交谈对象之间，在国外的语言学习环境中对交谈中的意义产生更多的意义协商量。

因此，将国外的语言学习环境与在出国学习前的语言学习环境相比较，在其中研究对象产出更多的输入理解量，被鼓励产出更多的理解输出量，被鼓励介入更多的意义协商。

4.4 本章小结

通过本章的分析，可以看到留学小组中的研究对象在参加出国学习后语法的准确度和句法的复杂度，没有发生显著的变化；相反在口语的流利度方面，留学生们变化显著，明显高于项目开始前。同时，虽然参加短期出国学习项目学生们的文化敏感度与动机强度在整体水平上经历了一定变化，但是文化敏感度和留学生们语言熟练度发展变化之间没有必然的联系，并不能说明两者之间的提高或降低有相互作用，相互影响。另外，通过对第二语言接触量，接触种类，和接触条件的分析与讨论，可以看到在国外语境中的学习和在国内语境中英语语言学习的不同之处，极大地促进了第二语言的学习。研究对象在出国学习的语境中不仅有了更多的（文本媒体和高输入）第二语言接触机会，也产生了更多种类和形式的第二语言文本媒体和高输入接触量、含义协商量。

第5章 结　　语

5.1　研究结果

图5.1为研究结果的框架结构。

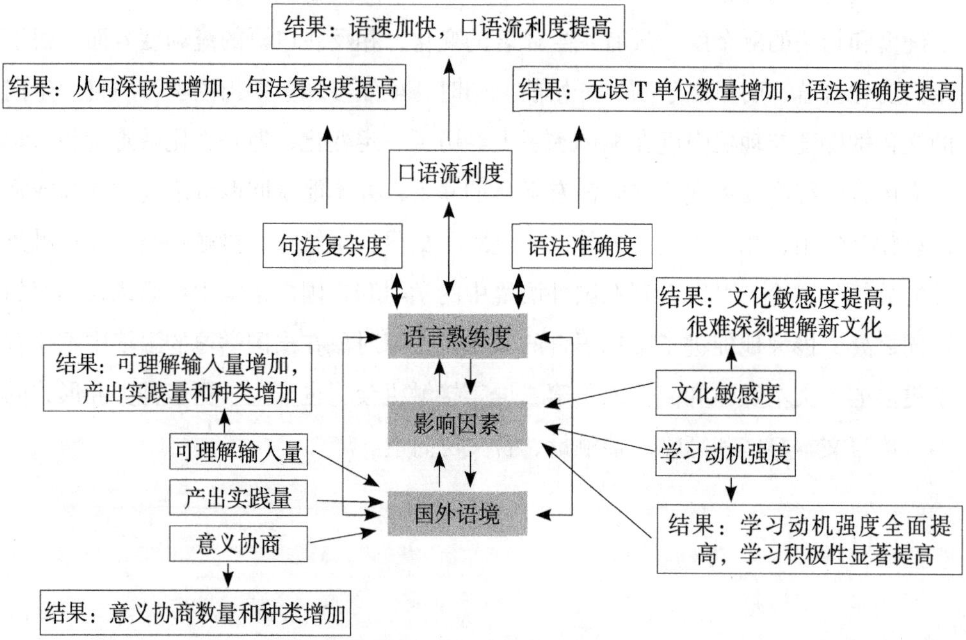

结果：语速加快，口语流利度提高

结果：从句深嵌度增加，句法复杂度提高

结果：无误 T 单位数量增加，语法准确度提高

口语流利度

句法复杂度

语法准确度

语言熟练度

影响因素

国外语境

结果：文化敏感度提高，很难深刻理解新文化

文化敏感度

学习动机强度

结果：可理解输入量增加，产出实践量和种类增加

可理解输入量

产出实践量

意义协商

结果：学习动机强度全面提高，学习积极性显著提高

结果：意义协商数量和种类增加

图5.1 研究结果的框架结构

5.1.1 研究问题一研究结果

本研究对研究对象项目开始前和项目结束后中介语语言熟练度各维度的变化进行比较，得到相关结果。研究结果显示：

（1）留学小组中的研究对象的语言能力总体上都有所提高。

（2）项目结束后，研究对象语速明显加快，口语流利度提高。

（3）项目结束后，研究对象无误T单位增加，语法准确度提高。

（4）项目结束后，研究对象从句深嵌度增加，句法复杂度提高。

由于在本研究中大多数研究对象的语言熟练度在项目后结束都有提高，可以看出研究对象在完成出国学习项目后中介语言的确得到发展，正如Schmidt和DeKeyser指出的，中介语言发展最主要的一个特征就是语言由被动产出到主动产出。在国外的真实语言学习环境中研究对象的语速即口语流利度都得到提高，这是学习者中介语主动产出进步的典型特点。

本研究中的学生们在出国学习项目开始后语法准确度的一个维度立刻发生了变化。其无误T单位数量立刻低于其在项目开始前的水平。然而，在项目开始后，其语法准确度的其他两个维度，每个T单位中错误量和无误T单位平均长度，没有立刻发生变化。同时，留学小组中的研究对象的句法复杂度也没有立刻发生变化。在口语流利度方面，大约有一半的学生项目开始后的口语流利度，明显高于项目开始前的口语流利度。

1.口语能力的变化

在本研究中，几乎每一名研究对象语言能力都有所进步，特别是在口语流利度方面进步明显。Grass和Selinker关于二语习得的研究表明，第二语言/外语学习者们会创造他们自己的心理语法，基本上这些心理语法在一定时间内会成为第二语言/外语学习者理解和产出这门语言时的法则。这些所谓的心理语法便组成了第二语言/外语学习者的中介语言。这种中介语言会随着第二语言/外语学习者语言能力的不断成熟，而日趋成熟与发展。例如，学生口语能力获益值的平均值为0.306 7，而口语能力获益值的标准差为0.358 12，明显大于平均值。口语能力获益值的大小也凸显了学生经历的不同过程和达到的不同效果。有的学生的口语能力获益值为1.05，而有的学生的口语能力获益值居然是-0.50。但是随着第二语言/外语学习者们的学习经历越来越多，其中介语的发展并不完全是线性的。例如，第二语言/外语学习者会产生关于中介语言如何使用的假设。这一假设可能包括一些语言上的差异和改变，并使得学习者在经历一段时间后才能形成恰当的语言结构。随着学习者学习经历的增长，他/她便会意识到假设的局限性，并将其抛弃。第二语言/外语学习者或将面临一段无理论指导语言使用的阶段，或暂时接受另外的理论来指导自己使用该语言，研究结果显示后者较前者对学习者语言能力的提高效果更为显著，这便出现了一个被称为"故态复萌"的现象。也就是说，第二语言/外语学习者的语言能力会在排斥一个目的语使用理论并搜寻另一个语言使用指导理论的进程中，在一段时间内语言能力间歇性下降，该过程中的第二语言/外语学习者处在一个意识塑造的阶段。然而，在这一阶段期可发展的语言能力可能会停滞不前或降低。这意味着如果正处于"故态复萌"阶段的学生接受测验，那其可能无法展示其所经历的进步。

本研究的一个重要特点便是所运用的验证方式能够清晰地论证短期出国学习期间学生们在语言能力上所显现的提升。该验证方式是由Yager、Higgs、Koren、Okamura提出的，本研究中的验证形式拥有更细致的分项、内容条目，因此可以为有志于出国学习的人提供可借鉴的第一手材料。

2.语法、句法能力的变化

留学小组中的研究对象仅在项目开始后的第一周里接受了正规英语课程和讲座，这些课程和讲座以语法准确度和句法复杂度为基本内容，以课堂讨论和学生发言为重点内容。这有限的课堂学习时间很难有效地辅助学生们使用目的语言进行交流，从而促进语法准确度和句法复杂度的提高。换句话说，本研究中的出国学习项目，将重点放在课堂之外的语言学习上，因此获得了口语流利度的提高。2000年，Norris和Ortega发现，研究对象在参加短期出国学习项目后，语法准确度和句法复杂度不会有太多的改变。在其他方面没有发生变化的情况下，对于语言流利度的提高的合理解释，可以从进行语法准确度和口语流利度的交叉探讨入手。

3.小结

本研究的结果证实了国内外一些既有理论，由此可以看出本研究所选用的分析方式的正确性。总体而言，留学小组中的研究对象在语言能力上都有所提高，结果中的个体差异与先前相关的研究理论基本一致。例如，1993年，Brecht等发现，完成出国学习项目后，将近80%的学生口语面谈能力有所提升，20%的学生毫无进步。这个结论与本研究中近22%的学生在口语流利度上不但没有进步反而有所退步的结果相似。再如，先前的研究采用前测、后测实验来检验完成出国学习项目后学生们语言能力的变化情况，发现程度较高的学生们的语言能力几乎没有进步，在本研究中也得到基本一致的结论。

5.1.2　研究问题二研究结果

通过分析项目开始前和项目结束后对研究对象的测试的结果，可以看出：项目结束后，研究对象经历了三个主要方面的改变，即文化敏感度、口语能力及学习动机强度的变化，且每个方面都呈现出明显的上升趋势。当针对留学小组成员展开分析时，项目开始前和项目结束后，研究对象这三方面的数值都发生了微妙却值得注意的增长。但是，研究对象所体验到的提升程度千差万别。研究结果如下。

（1）虽然研究对象对其他文化的敏感度提高，但仍然很难对新文化产生深刻的理解。项目开始前具有较高文化敏感度的学生，文化敏感度获益值的平均值较项目开始前具有较低文化敏感度的学生要低。

（2）经历了出国学习后，学生们的学习动机强度全面提升，学习积极性显著提高；但随着口语能力以及文化敏感度变化的出现，学生们的学习动机强度呈下降趋势。

学生们在项目开始前和项目结束后的文化敏感度及学习动机强度的测试中，各项得分平均值差异显而易见，且存在极大的标准差。在那些项目开始前具有较高文化敏感度和口语能力的学生的获益值的平均值较没有出国学习经历的学生要低，但获益值变化更大。就学习动机强度而言，学生们经过国外学习经历后的变化多样。因为研究中的许多数据都依赖于学生对他们自身的经历的报告及个人看法，因此很难确定所收集到的数据到底在多大程度上反映出学生们完成出国学习项目后，学习强度和文化敏感度变化的实际情况。学生的回答中可能有与收集到的数据不一致的表述内容。学生的回答也可能是以一种满足取悦调查者和相关人员的心态做出的，而非对真实的感觉的陈述。

1.文化敏感度的变化

研究结果表明，学生在项目结束后文化敏感度的变化结果迥异，尤其是项目开始前文化敏感度较高的学生，总体上他们体验到了更多的变化。这一现象可以用几种不同的方式来解释。

关于文化适应的研究描绘出了一个语言自然来回提升的平行过程。Oberg解释道：那些参加出国学习项目的学生，在适应新环境的过程中经历了几个划分明确的阶段。出发前和刚刚抵达目的国时，学生们会经历一个觉得兴奋和怀有期望，并伴随着如蜜月般感觉的阶段。在这个阶段中，学生们沉迷于他们所遇到的异国差异。在经历过最初的兴奋阶段后，许多学生都因跨文化生活中的不易而情绪低迷。在接下来的一段时间里，学生们将开始适应，对异乡生活开始熟悉，进而朝着他们所处的异国的主文化前进，重获积极情绪。

另一方面，适应了新文化的学生们可能会经历"寻旧心情"，出现与语言能力"故态复萌"阶段中的类似的感觉和变化。如果学生们在开始U形进程攀升期之前接受测验，即使他们正处在向更高、更成熟的文化理解和敏感度的过渡阶段，也会显现出文化敏感度下降的趋势。此外，学生文化敏感度低降的原因可能是：即使学生们经历了一段十分积极的留学经历，也经常会由于处在适应和理解其他文化的现实困难中，而"故态复萌"。因此，虽然学生们对其他文化的敏感度提高了，但仍然很难对新文化产生深刻的理解。

2.学习动机强度的变化

在本研究中学生们经历的学习动机强度变化也十分有趣。从整体上看，参加项目的学生们经历着学习动机强度提高的过程，但随着口语能力以及文化敏感度变化的出现，部分学生的学习动机强度呈降低趋势。在目前的文献中，本研究是仅有的全面看待学生学习动机强度而非出国后学习动机定位变化的两项研究之一。2000年，Masgoret和Gardner发现学生们的学习目的语言的积极性，在出国前后，持相对不变。本研究通过对所收集的数据的分析发现完成出国学习项目后学生们学习积极性显著提高，与Masgoret和Gardner的研究结论相反。

  Allen和Herron的研究所得出的结论，可以为本研究的结果给出进一步的全面解释。他们的研究检验了学生们在经历过出国学习后，学习动机的本质变化。学生们在实施出国学习计划的过程中，虽然是朝着更高、更成熟的文化敏感度和文化理解适应度方向发展，学习动机强度标准差均高于出国学习前的测验结果。因此，Allen和Herron得出结论：学生们在出国学习过程中确实经历着学习动机强度的变化，且学习动机强度的变化值在质量及数量上相对较大，这一变化使得研究者很难找到留学小组中的研究对象作为整体的学习动机强度变化的单一模式。本研究的结果显示出学生学习动机强度的全面提升，虽然提升数值微小，但是仍然可以看出获益值上的较大标准差。其中，有些学生学习动机强度获益值高达8，有些学生的学习动机强度获益值则低至-6，差距较大。

  在本研究中，许多学生在项目结束后出现学习动机强度降低的情况，使得学生学习动机强度的调查结果显得更为复杂。本研究内容也涉及学生口语能力及文化敏感度的变化问题，因此可以认为部分学生学习动机强度降低可能是由于"趋均数回归"的原因，特别是研究对象整体在研究中的数据差值细微。

  与此同时，部分学生在项目结束口后学习动机强度降低的现象仍需要合理解释。首先，出国学习经常被人们认为是学习第二外语的最佳方式，但少有人注重学生在出国学习归来后如何继续学习该语言。因此，留学生，尤其是那些完成了短期出国学习项目非专业人士或学生，可能会将出国学习习作为他们努力学习外语或者第二语言的的终点站。基于此，这部分留学生会将完成短期出国学习项目作为自己语言学习的结束，因此他们的学习动机强度会出现降低的趋势。其次，在学生当中普遍存在一种现象，即把语言仅仅当作语言来学习，并没有长远的目标，认为只需要掌握这门语言的大概含义就可以，因此在完成短期出国学习项目后，其学习动机强度就会降低。最后，由于学生们在完成出国学习项目后，在口语能力上会有些显著的飞跃，因此学生们会坚信自己已经可以熟练地使用目的语言了，因而不再积极进取、努力学习。从语言学角度来说，他们觉得自己已经达到一定语言水平，造成他们进一步学习该语言的学习动机强度降低。

  3.小结

  在短期出国学习项目中即使学生的获益不大，口语能力、文化敏感度和学习动机强度也得到了提高。这表明，为期四周的加拿大短期出国学习项目，对学生们的英语学习有着积极的、显著的影响。由于有超过50%的短期出国学习项目的参加者在短期出国学习项目中的总体成效显著，该成效还是令人鼓舞的。

以上结论并不意味着本研究中的短期出国学习项目仅因其有助于学生学 财务限制以及其他问题而不能长时间出国学习的人们是值得鼓励的。那些需要边工作边学习来负担学费的学生，不仅仅要考虑学费和生活费，还要考虑长时间离开工作岗位以及经济上可能的困境。短期出国学习项目能为那些无法参加长期出国学习项目的人提供一个宝贵的机会。

从另一个角度来看，我们还应注意到短期出国学习项目带给绝大多数学生的收益并非很大。如果学生们可以花费较长的时间出国学习，那么他们的学习收益很可能会有更大程度的提高。

本研究的结论有助于更好地理解那些出国前具有不同语言能力的学生出国学习在语言能力习得方面的不同结果。根据本研究的结论，研究者建议为语言能力较高的学生制定更个性化的提升方案。对于那些语言能力相对较低的学生，应在国外生活期间的日常交流中设置可预见的提升计划；对于那些语言能力相对较高的学生，语言能力的提升需要付出更多的努力，他们或许会体会到不一样的出国学习经历。对于出国学习前语言能力相对较低的学生而言，出国学习后在日常的交际中所获得的进步会更明显一些；对于出国学习前语言能力相对较高的学生而言，出国学习后在日常的交际中的收益则显得微乎其微。因此，具有较高语言能力的学生在国外学习期间，需要寻找特殊的学习机会，如美国外语教学学会所提倡的语言提升优势计划中所提到的项目（中西方文化的比较与对照研讨会、学术论坛、职业话题讨论等），以期更多地提高的语言能力。

然而，个别学生在出国学习后语言能力却有所降低的现象仍需解释。正如本书第4章所提到的，由于许多学生经历了出国学习后所产生的变化是微妙的，这些变化可能起因于趋均数回归，也可能是由于该实验无法估量学生语言能力的微妙变化所带来的衡量方式的错误。即使如此，想到一个学生花费那么多的时间和金钱到异国他乡参加课程，并和许多说英语的人交流，而出国学习后语言能力却不如出国学习前，的确令人感到不安。

5.1.3　研究问题三研究结果

本研究也对出国学习前后的语境进行了研究。正如本书第2章所阐述的，既往研究内容都是致力于研究学习者与第二语言的接触量，没有任何一项研究将注意力置于"是什么样的语言接触带动了语言的提高"上，或者关注"国外的语言学习环境与出国学习前的语言学习环境有哪些不同"，本研究更全面地理解了影响学习者在出国学习期间进步程度的因素，相关研究结果如下。

（1）研究对象在报告中指出，项目进行期间，无论是文本媒体接触量还是高输入接触量，都较项目开始前大。

（2）研究对象在国外学习期间与第二语言接触的种类明显增多。由接触数量和接触种类的明显不同可以看出，两种语言学习环境中第二语言的学习条件存在显著的不同。

（3）在以双向交流为基础的语境中，国外的语言学习环境可以为研究对象提供更多的可理解输入机会，研究对象被鼓励产出更多的理解输出，研究对象与其谈话对象在意义上有了更多的协商。

在出国学习前的语言学习环境中，教室是研究对象获得第二语言高输入接触量的主要场所，它在出国学习前的语言学习环境中的作用比在国外的语言学习环境中的作用大得多，学生们会渴望在外语学习环境中去尝试，增加课上交流的机会；当学生们不能理解其他学生的话语时，会积极找到适当的方式去向对方提问；教师们也会记录下来，并鼓励学生去主动更正语法错误，这些建议会取代正常的授课。如果在外语课堂的学习环境中，教学目的是在各个方面提高学生的外语水平，那么最好的教学方式就是增加学生的课堂交流机会、意义协商的机会。正如上文所提到的，在帮助学生有效地使用语言的过程中，课堂讲授仍然起到了重要的作用。Skehan认为，讲授的主要作用就是"引起注意，对别人忽略的东西产生意识"。

出国学习项目开始后，在国外的语言学习环境中研究对象与第二语言有了更多的文本媒体接触量。一方面，在以双向交流为基础的语境中，研究对象被鼓励产出理解输入量很少，也很少与谈话对象在话语含义上进行协商。另一方面，这些发现使我们可以确定外语学习环境不是静止的，是会受学习者影响的。诚然，这一切也为我们提出了新的问题：在研究对象的语法准确度没有显著提高时，为什么其在项目开始前和项目结束项目后的外语学习语境中可理解输出量会不同？

5.1.4　与母语使用者的交流对口语能力提高的影响

本研究的结论表明，学生在出国学习期间与母语使用者的交流，对学生口语能力的提升有着积极的影响。学生的文化敏感度、与寄宿家庭关系以及学习动机强度都可促进学生与母语使用者的接触，提升学生的口语能力。

通过对学生口语能力获益的多次分析未发现学生与母语使用者交流是学生口语表达能力变化的主要影响因素。研究结果显示文化敏感度对学生口语能力的提高有一定的促进作用。本研究中关于文化敏感度的分析和结论也支撑着Twombly和Wilkinson的早期研究。他们的定性研究表明"学生语言学习的进步受到文化差异的阻碍，最愿意和最能适应这些文化差异的学生，会在语言学习上做得最成功"。他们通过对学生对文化差异中诸因素的消极或积极的反应，以及学生与母语使用者疏远或亲近的生活方式的观察，来支持他们的假设，并得出结论。这些运用定性研究的方法的研究具有敏锐的洞察力，却未能检验学生语言能力的增长程度，并以此来验证他们的研究假设。Twombly和Wilkinson的早期研究完全根据经验来支持他们关于"具有较高文化敏感度的学生，能更好地学习目的语言"的结论。他们的研究也不能证实关于学生因文化敏感度低导致与母语使用者交流较少，以及较少的交流会致使学生学习能力下降的推测。

第二外语学习能力可通过文化敏感度的增强而增强，这一观点并非首次出现。Schumann的"文化合流"模式在文化因素角色对语言的影响领域有着重要位置，该模式认为如果一个学生适应了某种文化则将学会对应的语言。此外，Gardner的关于动机的研究认为如果学生有一个综合定位的观念，则他们对目的语言有收获更多的倾向。这暗示着学生接受和成为目的语言文化一部分的重要性在学习语言进程中有着重要地位。

Twombly和Wilkinson的研究注意到那些不能或不愿接受和克服文化差异的学生有强烈的挫折和焦虑感。从认知角度看，具有较高文化敏感度的学生感受到的挫折感较轻，这也使得他们能在较高程度的语言交流上的问题能迎刃而解。此外，Horwitz和Cope关于焦虑感的研究表明，焦虑感对语言学习具有消极影响。因此，面对文化差异感到特别惊慌或烦心的学生可能会体会到过多的焦虑感，这使得他们在国外学习目的语言的能力下降。

虽然出国学习前的文化敏感度预示着学生口语能力的获益水平，但学生与母语使用者的交流并未预示该情况。而这与当前相关理论和二语习得研究所得出的"学生交互学习第二外语是非常关键的"的论断不一致，令人感到费解。一般常识表明，假如一个学生花较多时间与母语使用者交流，其将更容易在该语言上取得进步。Mendelson认为，出国学习项目的流行至少有一部分是因为想要出国的学生们相信他们在国外有机会与母语使用者交流，这样一来，他们的语言能力就能得到提高。但是，已有的研究表明仅有一部分人支持该推测。

与母语使用者的交流与学生口语能力的变化无重大关系有以下几个可能的原因。

其一，学生们在出国学习期间所经历的交流形式是反反复复的。例如，学生们常常需要确保自己的衣食住行或者做某些事务，如购买一张车票或从事一些简单的生活交流。一些留学事业的从业者发现，出国学习项目的设计者通常不会要求学生们去完成加拿大外语教学学会指南内容外的语言任务。若这就是现状，那么再多的此类交流也不可能让学生们的语言能力提高，向他们提供所需要的学习和练习机会。本研究的结果可能表明重复性的简单交流并不能带来口语能力的提高。

其二，在出国学习项目中学生虽然可以在生活中经常使用英语进行交流，但交流内容的广度和交流频率都不是很大。在出国学习期间，学生们通常会被留学国的人当作外国人，母语使用者会认为学生们的英语口语尚不够流利，因此在交流时会放慢语速，且仅让学生们回答简单的问题。寄宿家庭可能非常热忱好客，但在语言上对学生们并不苛刻要求，这在经常招待外国学生的寄宿家庭里更加显而易见。激素家庭成员可以适应并习惯那些口语不够流利的学生，进而降低与学生们攀谈时语言方面的难度。即使是对寄宿的学生非常热情、开放，并邀请他们参加家庭活动的寄宿家庭里，这样的情况也依然可能存在。正因如此，即使学生们待在寄宿家庭的时间很少，或者与寄宿家庭成员的交流不多，他们也相处得十分融洽。在这种情况下，学生们与寄宿家庭的关系非常积极乐观。但是，由于学生们与寄宿家庭成员的交流很少，这种情况也在一定程度上影响了学生目的语言的进步，并对学生语言能力的提高益处很少。

另外，本研究通过对学生们的学习动机进行观察和研究，发现学生们的学习动机对口语表达能力的提升并没有太多的影响。在出国学习过程中学生多次的"故态复萌"现象，以学生花费在与英语母语人士的交流时间作为它的标准变量。研究结果显示，出国学习前的学习动机，显著地影响着学生与母语使用者的交流渴望；出国之后的学习动机，对于学生的口语交流频率并没有显著的影响。有趣的是，Gardner和Masgoret的研究表明，学生的较高的学习积极性并没有显著地带来学生口语能力的提高。尽管其他情境下的研究表明提高学习积极性是学习第二外语最有效方法之一。

那么较高的学习动机强度为什么没有带来口语能力的提升呢？

首先，学生在出国学习项目开始时，学习动机强度相当高。参加出国学习项目前，学生们的学习动机平均得分为29至36分，也可能更高。这似乎反映了学生开始出国学习时普遍存在高动机现象。在这个学习动机已经很高的团体中，学生们在出国学习过程中始终能积极地抓住每一个学习的机会。

另外，出国学习前就具有较高文化敏感度的学生要倾向于比文化敏感度较低学生在语言学习上进步更大。这不仅仅意味着交流并非口语能力提高的主要影响因素，还意味着交流和学生口语能力的提升之间并没有必然的联系。第三，学习动机强度较高的学生与母语使用者的交流要比学习动机强度较低的学生频率更高一些，而那些文化敏感度相对较高的学生，更愿意从事各种不同种类的交流活动，因此在语言能力上进步更大。

5.1.5　文化敏感度对语言熟练度改变的影响

长期以来，提升学生与异国文化人群的顺畅交流能力被看作出国学习的目标。正因如此，在本项研究中也致力于理解是什么促成了学生文化敏感度的增长。

事实上，由于文化敏感度可以在未与其他文化接触时培养，学生与母语熟练度的交流可预测文化敏感度的提高显得并不足为奇。对学生文化敏感度与交流之间的关系分析，表明随着学生交流的增加，文化的敏感度也得到提升。

Wilkinson的研究中也提到："学生需要一些时间与本族学生在一起，远离接触新文化时的压力和紧张感"。他认为，学生在国外学习期间，与相同文化背景的朋友交谈是一种"放松"；与此同时，在国外时也要经常用英语与他人交流，这样才是"最好的平衡"。

本研究的结论认为，留学生与本国人的交流和与外国人的交流，在时间量上应寻求一定的平衡。显然，学生花一些时间与文化相近人士的交流，可以释放压力、缓解紧张感，同时也可以为学生们提供一定的时间来吸收他们在新的语言环境中所经历的一切，并提升其文化敏感度。这远比那些每时每刻都沉浸在目的语言文化当中的学生们，学习效果更好、文化敏感度更高。

在某种程度上说，交流与文化敏感度提升之间的关系可能会呈现出一种交流与口语能力的间接联系。在研究中发现文化敏感变化度预示着学生口语能力的提高，而学生与母语使用者交流的时间长短，也同样带来了学生文化敏感度的变化。因此，学生们与母语人士的交流是口语能力提升的基础；学生们口语能力的提高，同时也促进了学生文化敏感度的提升。

值得注意的是学生与寄宿家庭之间的关系，并非影响文化敏感度变化主要因素。有一种现象普遍存在，就是经常招待留学生的家庭，已经形成特有的风格，并能够理解普遍存在的文化差异。寄宿家庭成员已经与留学生们相处了较长时间，那当他们要接待中国留学生时，寄宿家庭也需要在一定程度上适应新的文化。例如，他们可能会调整吃饭时间或者准备特殊的食物，又或者基于他们对寄宿学生国家文化的了解而进行相应的生活改变。因此，一方面，留学生们在寄宿家庭中努力地适应着新的文化；另一方面，寄宿家庭也在尽力适应着留学生的新文化，而这个过程大大的降低了留学生的学习和生活困难。

5.2 本研究的局限性

本研究的研究方法的局限性主要来自于出国学习项目本身。与已有的研究相比，本研究中的短期出国学习项目，无论是在国外停留时间还是授课时间都相对较少。Freed指出，出国时间的长度对于第二语言的影响还不是很明显，所以很难理解该短期项目的缺点。Long的"互动假设"肯定了可理解的语言输入在语言习得中的重要性，同时也指出了意义协商对语言习得的促进作用，授课时间不同的确会带来不同的学习效果。

关于对语言熟练度发展的讨论，本研究可借鉴的关于学习者口语流利度、语法准确度和句法复杂度的长期发展及三者之间联系的研究很少，因此在数据分析和结果讨论过程中的理论支持不足。在这个领域里还有更多值得研究的内容，以此来对该领域的研究得出更为全面而准确的结论。由于这个领域缺乏先前的研究经验，很难对出国学习项目对留学生们中介语的影响得出任何结论。由于没有任何研究表明，语言一个维度或多个方面维度的改变，也会对语言其他方面产生影响，所以很难仅仅根据本研究所得到的数据，就对研究对象语言的改变而轻易作出结论。

其次，还应指出，本研究的目的是帮助学生们提高英语能力，这其中也包含一定的文化因素，在本研究中所选择的留学项目中至少有一些学生的出国目的不仅仅是提高英语水平。正因为如此，以提高英语能力作为结果来研究出国学习对学生语言能力的影响是不得当的。Goodwin和Nacht列出了十种出国学习的目标，大多数人认为出国学习对学生们的最大影响就是帮助学生们提高语言能力的学习。当讨论出国学习项目对语言学习的影响时，语言的学习仅仅是众多可能目标之一。所以，出国学习项目对留学生们的影响并不显著的一个原因，很可能就是因为留学生们出国学习的目的不同，不仅仅都是为了提高语言能力和学习语言。

在研究中调查了学生与母语使用者交流和学生文化敏感度增长之间的关系，发现它们之间呈曲线式关系，但此项研究设计由于研究内容所限，并未解释该曲线关系存在的原因和存在的形式。如果采用多项研究的比较分析，通过比对那些文化敏感度分值较高与分值较低学生在面谈和讨论中的不同表现，也许留学生们通过短期出国学习项目，根本无法获得相同的文化敏感度变化。

在留学生与寄宿家庭关系的调查中，也可以采用具体量化学生们与寄宿家庭成员之间的相处时间，来衡量不同的相处时间对学生们的语言学习和文化因素的影响有哪些。另外，学生们在与寄宿家庭成员之间进行有效的交流时采用了什么样的意义协商方法，在交流过程中学生的哪些语言能力得到改变在本研究中也未涉及。

最后，本研究的另一个局限来自于研究对象的选择。由于留学生们在出国前语言能力水平不同，因此研究留学生们语言熟练度发展方法的选择则显得更为重要。本研究中在45名学生中所选择的7名语言熟练度发展的个案研究对象，在筛选时仅注意到相同的学习经历和相同的学习背景，而忽略了学生们的语言基础是否相同。本研究中关于语言流利度基本内容的研究，也在其他的研究中使用；然而，先前研究中的研究对象语言水平基本一致，要么都是中等水平，要么都是稍高的水平。由于本研究的研究对象语言水平相对差别较大，因此，所研究的语言流利度的相关内容和测量方法，可能不是最适合用来核定这些研究对象语言熟练度发展的方法。如果在本研究中将研究重点换成语音或者词汇，那么结果也许将截然不同。

5.3 本研究的研究结果对出国学习项目管理的启示

本研究的研究结果可以为那些计划和组织出国学习项目的人带来一些启示。

由于许多学生在完成出国学习项目后进步很小，甚至部分学生的口语能力和文化敏感度有所降低，因此出国学习项目组织者更需要思考应该如何规划出国学习项目、如何帮助学生们设计有意义的交际活动和学习活动，从而帮助学生们在语言能力上有所提升，达到出国学习的预期目的。

在出国学习项目中应多为学生们设置交流活动，为大多数学生创造一种别具特色的交流风格和学习氛围，找到学生们与母语使用者之间的共同爱好和兴趣，以此为中心来设计教学活动，使教与学的双边性教学活动无处不在。迄今为止，已有140余篇有关论文发表在国际上各类核心刊物上，集中讨论教师的教学认知与教学行为、教学效果、教学方法、课程革新，以及教师专业发展之间的关系。当学生们在社交场合及公众场合接触当地人时，交流目的普遍是学习该语言，因此才使用该语言与之交谈。这就导致这类交流就如同发生在课堂上，而母语使用者正充当着教师的角色，学生则继续扮演学习者的角色。从另一角度来讲，在上述例子当中，学生们渴望学习该语言，他们有着交流之外的目标亟待实现。

本研究的研究结果可以让出国学习项目的计划者们提前预见学生们出国后可能面临的困难，并帮助学生们做好充足的准备。本研究的研究结果表明：文化敏感度对语言学习有积极影响。学生们需要为他们所要面临的文化差异的挑战做准备，留学机构应在学生出国前对其进行更为全面的培训。这样能够帮助学生们获得更愉快的经历，也有助于学生语言能力的提高。另外，出国学习项目策划者们在提醒学生们适应新环境的过程中可能出现挑战的同时，还需要为学生们提供一些方法来帮助他们处理这些挑战。那些策划及整合出国学习项目的人可以邀请学生们定期参加非正式的课堂见面会，在见面会上，学生们将对出国学习经历进行探讨。另一种值得参考的方式是鼓励学生写反思日志，让他们在日志中记录他们自己的经历。

5.4　本研究的研究结果对外语教学的启示

本研究的结论强调了在国外语境中文化教育在二语习得课程上的重要意义。根据本研究结果，文化敏感性度更高的学生在语言熟练度上进步得更快、更明显。

教师们应积极鼓励学生与母语使用者进行交流，从而获得文化意识的增强。团体活动、与国际学生的语言交流或是志愿服务学习项目都是极好的学生们学习语言的方式，可以加深对语言的理解程度和增强语言使用能力，从而促进文化敏感度的不断提高。教师也要不断努力为学生们寻找更多更好的学习语言的途径，如通过学习日志、课上讨论、学习报告的形式，来反映学生的学习经历，事半功倍地辅助学生提高语言技能。郑新民和蒋群英在英语教学中提倡从传统的教学模式转变到运用现代化的教育技术的新型教育模式上来。Bateman的研究表明，那些经常与母语人士进行文化交流、语言沟通并做相关心得纪录的学生收益颇丰，获益更多。因此，在活动中可以为学生文化敏感度的提高铺平道路，并引领学生进行更多的语言学习。

本研究比较了国内外语言环境对二语习得的影响。没有哪种语境优于其他语境。学生在国内语境中对词汇与句法掌握得更好；在国外语境中学生具有较宽泛的词汇范围和更多的交流机会。两种语境中的交际策略不同，因此学生在国外语境中口语流利度上的进步尤其显著。Freed认为，理解语境对二语习得的影响仍存在许多挑战。因此，在未来的研究中，一方面应辨证地理解国外语境优于国内语境的固有观点；另一方面应改善测试手段及更好地定义语言测试的特点。最后，要客观地分析与研究认知能力和语境的关系。

参 考 文 献

[1]　ALLEN H W,HERRON C.A Mixed-methodology investigation of the linguistic and affective outcomes of summer study abroad[J].Foreign Language Annals,2003,36(3):370-385.

[2]　ALLWRIGHT R L.The importance of interaction in classroom language learning[J].Applied Linguistics,1984,5(2):156-171.

[3]　ATKINSON D.Towards a sociocognitive approach to second language acquisition[J].The Modern Language Journal,2002,86(4):525-545.

[4]　AU S Y.A critical appraisal of Gardner's social-psychological theory of second-language(L2) learning[J].Language Learning,1988,38(1):75-99.

[5]　BACON S M.Learning the rules:Language development and cultural adjustment during studying abroad[J].Foreign Language Annals,2002,35(6):637-646.

[6]　BARDOVI-HARLIG K.A second look at T-unit analysis:Reconsidering the sentence[M].TESOL Quaterly,1992,26(2):390-395.

[7]　BARDOVI-HARLIG K,BOFMAN T.Attainment of syntactic and morphological accuracy by advanced language learners[J].Studies in Second Language Acquisition,1989,11(1):17-34.

[8]　BATEMAN B E.Achieving affective and behavioral outcomes in culture learning:The case for ethnographic interviews[J].Foreign Language

Annals,2004,37(2):240-253.

[9]   BATSTONE R.Contexts of engagement:A discourse perspective on 'intake' and 'pushed output'[J].System,2002,30(1):1-14.

[10]   BEEBE L.Risk Taking and the Language Learner[M]Rowley,Mass:Newbury House,1983.

[11]   BELMECHRI F,HUMMEL K.Orientation and motivation in the acquisition of English as a second language among high school students in Quebec city[J]. Language Learning,1998,48(2):219-224.

[12]   BENSON P G.Measuring cross-cultural adjustment:The problem of criteria[J]. International Journal of Intercultural Relations,1978,2(1):21-37.

[13]   FREED B F,BRECHT R D,DAVIDSON D E,et al.Predictors of foreign language gain during study abroad[J].Modern Language Journal,1997,80(2):267.

[14]   CAMPBELL R J,KAGAN N,KRATHWOHL D R.The development and validation of a scale to measure affective sensitivity[J].Journal of Counseling Psychology,1958,18(5):407-412.

[15]   BRUMFIT C.Communicative Methodology in Language Teaching:The Roles of Fluency and Accuracy[M].Cambridge:Cambridge University Press,1984.

[16]   CARROLL J B.Foreign language proficiency levels attained by language majors near graduation from college[J].Foreign Language Annals,1967,1(2):131-151.

[17]   CARLSON J S,WIDAMAN K F.The effects of study abroad during college on attitudes toward other cultures[J].International Journal of Intercultural Relations,1988,12(1):1-17.

[18]   CHEN G M,STAROSTA W J.The development and validation of the intercultural communication sensitivity scale[J].Human Communication,2000,3:1-15.

[19]   CHIEFFO L,GRIFFITHS L.Large-scale assessment of student attitudes after a short-term study abroad program[J].Frontiers:The Interdisciplinary Journal of Study Abroad,2004,10(1):165-177.

[20]   CLÉMENT R,DÖRNYEI Z.Motivation,self-confidence,and group cohesion in

the foreign language classroom[J].Language Learning,1994,44(3):417-448.

[21] COHEN J.Statistical Power Analysis for the Behavioral Sciences[M].New Jersey:Lawrence Erlbaum,1988.

[22] CROOKES G.Planning and interlanguage variation[J].Studies in Second Language Acquisition,1989,11(4):367-383.

[23] CROOKES G.The utterance,and other basic units for second language discourse analysis[J].Applied Linguistics,1990,11(2):181-199.

[24] CUSHNER K.Human Diversity in Action:Developing Multicultural Competencies for the Classroom[M].Boston:McGraw-Hill,1986.

[25] BRISLIN R W,YOSHIDA T.Improving Intercultural Interactions Modules for Cross-cultural Training Programs[M].Thousand Oaks,CA:Sage Publications,1994.

[26] DAVIDSON J W,WHALLEY D B.Methods for saving and restoring register values across function calls[J].Software Practice and Experience,1991,21(2):149-165.

[27] DAY R.Student participation in the ESL classroom or some imperfections in practice[J].Language Learning,1984,34(3):69-102.

[28] DEKEYSER R.The semester overseas:What difference does it make?[J]ADFL Bulletin,1991,22 (2):42-48.

[29] DEKEYSER R.Beyond explicit rule learning:Automatizing second language morph-syntax[J].Studies in Second Language Acquisition,1997,19(2):195-222.

[30] DÊRNYEI Z.Conceptualizing motivation in foreign language learning[J]. Language Learning,1990,40(1):45-78.

[31] DÊRNYEI Z.Motivation in second and foreign language learning[J].Language Teaching,1998,31(3):117-135.

[32] DÊRNYEI Z,CSIZER K.Some dynamics of language attitudes and motivation:Results of a longitudinal nation wide survey[J].Applied Linguistics,2002,23(4):421-426.

我国留学生在加拿大短期学习经历中英语熟练度变化的研究

[33] DORNYEI Z.Motivation and motivating in the foreign language classroom[J].
      Modern Language Journey,2005,78(3):273-284.

[34] DOUGHTY C,PICA T. "Information Gap" tasks:Do they facilitate second
      language acquisition?[J].TESOL Quarterly,1986,20(2):305-325.

[35] EIDE I.Students as links between cultures:A cross-cultural survey based on
      UNESCO studies[J].American Journal of Sociology,1972,77(4):800-804.

[36] YUAN F Y,ELLIS R.The effects of pre-task planning an on-line planning on
      fluency,complexity and accuracy in L2 monologic oral production[J].Applied
      Linguistics,2003,24(1):1-27.

[37] FIRTH A,WAGNER J.On discourse,communication,and (some) fundamental
      concepts in SLA research[J].The Modern Language Journal,1997(81):286-300.

[38] FOSTER O,SKEHAN P.The influence of planning and task type
      on second language performance[J].Studies in Second Language
      Acquisition,1996,18(3):299-324.

[39] FREED B F.An overview of issues and research in language learning in a study
      abroad setting[J]. Frontiers:The Interdisciplinary Journal of Study Abroad, 1998,
      4(2):31-60.

[40] FREED B F,DEWEY D,SEGALOWITZ N.The language contact profile[J].
      Studies in Second language Acquisition,2004,26(2):349-356.

[41] GARDNER R C,Lambert W E.Attitudes and Motivation in Second Language
      Learning[M].Rowley,Mass:Newbury House,1972.

[42] GARDERN R C.Social Psychology and Second Language Learning:The Role
      of Attitudes and Motivation[M].London:Edward Arnold,1985.

[43] GARDER R C,DAY J B,MACINTRYE P D.Integrative motivation,induced
      anxiety,and language learning in a controlled environment[J].Studies in Second
      Language Acquisition,1992,14(2):197-242.

[44] GARDNER R C,MACINTYRE P D.A Student's Contribution to Second
      Language Learning.Part Ⅱ:Affective Variables.[M].Cambridge:Cambridge

University Press,2008.

[45]   GARDNER R C,MACINTYRE P D.On the measurement of affective variables in second language learning[J].Language Learning,1993,43(2):157-194.

[46]   GARDNER R C,TREMBLAY P F,MASGORET A.Towards a full model of second language learning:An empirical investigation[J].The modern Language Journal,1997,81(3):344-362.

[47]   GASS S M,SELINKER L.Second Language Acquisition[M].London:Erlbaum Lawrence,2001.

[48]   GINSBERG R B.Listening Comprehension Before and After Study Abroad[M]. Washington,D.C.:The National Foreign Language Center,1992.

[49]   HATCH E,LAZARATON A.The Research Manual:Design and Statistics for Applied Linguistics[M].New York:Harper Collins,1991.

[50]   HATCH E.Apply with Caution[J].Studies in Second Language Acquisition,1978,2(1):123-143.

[51]   HOKANSON S.Foreign language immersion homestays:Maximizing the accommodation of cognitive styles[J].Applied Language Learning,2000,11(2):239-264.

[52]   HORWITZ E K,HORWITZ M B,COPE J.Foreign Language Classroom Anxiety[J].The Modern Language Journal,1986,70(2):125-132.

[53]   HUANG J.Voices from Chinese students:Professors use of English affects academic listening[J].College Student Journal,2004,38(2):36-38.

[54]   HUNT K.Grammatical Structures Written at Three Grade Levels[M]. Champaign:National Council of Teachers of English,1965.

[55]   ISABELLI C L.Motivation and extended interaction in the study abroad context:Factors in the development of Spanish language accuracy and communication skills[J].Dissertation Abstracts International,Section A:The Humanities and Social Sciences,2001,61(11):4362.

[56]   KEALEY D J.A Study of cross-cultural effectiveness:Theoretical

issues,practical applications[J].International Journal of Intercultural Relations,1989,13(3):387-482.

[57] KEATING K.Findings from a qualitative study of adult learners of Spanish:Implications for approaches to second language programs for future teachers[J].Journal of Instructional Psychology,1994,21(1):57-63.

[58] KEYSER V.Work analysis in French language ergonomics.Origin and current research trends[J].Ergonomics,1991,34(6) :653-669.

[59] KLEINING G,WITT H.Discovery as basic methodology of qualitative and quantitative research[J]. Forum Qualitative Sozialforschung,2001,2(1):230.

[60] KOESTER J.A Profile of the U.S. student abroad—1984 and 1985[D].New York:Council on International Educational Exchange,1987.

[61] KRASHEN S.Second Language Acquisition and Second Language Learning[M].Oxford:Pergamon,1981.

[62] KRASHEN S.The Input Hypothesis:Issues and Implications[M]. London:Longman,1985.

[63] KRASHEN S,SELIGER H.The role of formal and informal environments in second language acquisition:A pilot study[J].International Journal of Psycholing uistics,1976,172(1):15-22.

[64] LANGE D.The Teaching of Culture in Foreign Language[Z].Washington, D.C.:Center for International Education,1998.

[65] LARSEN-FREEMAN D,STROM V.The construction of a second language acquisition index of development[J].Language Learning,1977,27(1):123-134.

[66] LENNON P.Investigating fluency in EFL:A qualitative approach[J].Language Learning,1990,40(3):387-417.

[67] LENNON P.Error:Some problems of definition,identification,and distinction[J]. Applied Linguistics,1991,12(2):180-196.

[68] LENNONV P.Assessing short-term change in advanced oral proficiency problems of reliability and validity in four case studies[J].ITL International

Journal of Applied Linguistics, 1995, 109(1):75-109

[69] LONG M.Native speaker or non-native speaker conversation and negotiation of comprehensible input[J].Applied Linguistics,1983,4(2):126-141.

[70] LONG M.Construct validity in SLA research:A response to firth and wagner[J]. The Modern Language Journal,1997,81(3):318-323.

[71] MACINTYRE P D,GARDNER R C.Investigating language class anxiety using the focused essay technique[J].The Modern Language Journal,1991,75(3):296-304.

[72] MACKEY A.Beyond production:Learners' perceptions about interactional processes[J].International Journal of Educational Research,2002,37(3):379-394.

[73] MASGORET A,GARDNER R.Attitudes,motivation and second language learning:Meta-analysis of studies conducted by Gardner and associates[J]. Language Learning,2003,53(1):123-163.

[74] MASON C.The Relevant of intensive training in English as a second language for university students[J].Language learning,1971,21(2):197-204.

[75] MEHNERT U.The effects of different lengths of time for planning on second language performance[J].Studies in second language Acquisition,1998,20(1):83-108.

[76] MILTON J,MEARA P.How periods abroad affect vocabulary growth in a foreign language[J].ITL-International Journal of Applied Linguistics,1995,107(1):17-34.

[77] MONROE J.Measuring and enhancing syntactic fluency in French[J].French Review,1975,48(6):1023-1031.

[78] MONSHI-TOUSI M,HOSSEINE-FATEMI A,OLLER J.English proficiency and factors in its attainment:A case study of Iranians in the United States[J].TESOL Quarterly,1980,14(3):365-72.

[79] NOELS K A,PELLETIER L G,CLÉMENT R,et al.Why are you learning a second language? Motivational orientations and self-determination theory[J]. Language Learning,2000,50(1):57-85.

[80] NORRIS J M,ORTEGA L.Effectiveness of L2 instruction:A research synthesis and quantitative meta-analysis[J].Language Learning,2000,50(3):417-528.

[81] NORRIS J M,ORTEGA L.Does type of instruction make a difference? Substantive findings from a meta-analytic review[J].Language Learning,2001,51(1):157-213.

[82] NUNAN D.Research Methods in Language Learning[M].Cambridge:Cambridge University Press,2002.

[83] OPPER S,TEICHER U,CARLSON J.Impacts of study abroad programmes on students and graduates[J].Higher Education Policy Series,1990,11(2):215.

[84] ORTEGA L.Syntactic complexity measures and their relationship to L2 proficiency:A research synthesis of college-level L2 Writing[J].Applied Linguistics,2003,24(4):492-518.

[85] OXFORD R L,SHEARIN J.Language learning motivation:Expanding the theoretical framework[J].The Modern Language Journal,1994,78(1):12-28.

[86] PALMERLEE D,BAO S,NYSTROM A D,et al.Lonely Planet Argentina[M]. Australia:Lonely Planet Publications Pty Ltd,2005.

[87] PELLEGRINO A.Student perspectives on language learning in a study abroad context[J].Frontiers:The Interdisciplinary Journal of Study Abroad,1998,4(2):91-120.

[88] PICA T,DOUGHTY C,GASS S,et al.Input and Interaction in the Communication Language Classroom:A Comparison of Teacher-fronted and Group Activities[M].Rowley,Mass:Newbury House,1985.

[89] PIKE G,SELBY D.In the Global Classroom.Book One[M].Toronto:Pippin Press,1998.

[90] PIKE, G,SELBY D.Reconnecting from National to Global Curriculum[M]. UK:World Wildlife Fund,1995.

[91] RAMAGE K.Motivational factors and persistence in foreign language study[J]. Language Learning,1990,40(2):189-219.

[92] RIVERS W R.Is being there enough? The effects of homestay placements on language gain during study abroad[J].Foreign Language Annals,1998,31(4):492-499.

[93] RYAN J,LAFFORD B.Acquisition of lexical meaning in a study abroad environment: Ser and estar and the granada experience[J]. Hispania,1992(75):715-722.

[94] SANKOFF D,MAINVILLE M.Code-switching of context-free grammars[J]. Theoretical Linguistics,1986(13):75-90.

[95] SCHMIDT R.Psychological mechanisms underlying second language fluency[J]. Studies in Second Language Acquisition,1992(3):357-385.

[96] SCHMIDT R.Psychological mechanisms underlying second language fluency[J]. Studies in Second Language Acquisition,1992,14(4):357-385.

[97] SCHMIDT-RINEHART B C,KNIGHT S M.The homestay component of study abroad:Three perspectives[J].Foreign Language Annals,2004,37(2):254-262.

[98] SCHUMANN J H.Research on the acculturation model for second language acquisition[J].Journal of Multilingual and Multicultural Development,1986(7):379-392.

[99] SEGALOWITZ S J,SANTESSO D L,MURPHY T I,et al.Retest reliability of medial frontal negativities during performance monitoring[J].Psychophysiology,2010,47(2):260-270.

[100] SELIGER H W.Does practice make perfect? A study of interaction patterns and L2 competence[J].Language Learning,1977,27(2):263-278.

[101] SIELOFF-MAGNAN S,BACK M.Social interaction and linguistic gain during study abroad[J].Foreign Language Annals,2007,40(1):43-61.

[102] SKEHAN P.A framework for the implementation of task-based instruction[J]. Applied Linguistics,1996,17(1):38-62.

[103] SKEHAN P.A Cognitive Approach to Language Learning[M].Oxford:Oxford University Press,1998.

[104]   SKEHAN P,Foster P.The influence of task structure and processing condition on narrative retellings[J].Language learning,1999,49(1):93-120.

[105]   SPADA N.The interlanguage between type of contact and type of instruction:Some effects on the L2 proficiency of adult learners[J].Studies in Second Language Acquisition,1986,8(2):181-200.

[106]   SPITZBERG B H.Issues in the development of a theory of interpersonal competence in the intercultural context[J].International Journal of intercultural Relations,1989,13(3):241-268.

[107]   SPRADLEY J P,PHILIPS M.Culture and stress:A quantitative analysis[J]. American Anthropologist,1972,74(3):518-529.

[108]   SWAIN M,LAPKIN S.Problems in output and the cognitive processes they generate:A Step towards second language learning[J].Applied Linguistics,1995,16(3):371-391.

[109]   TAYLOR E W.Intercultural competency:A transformative learning process[J]. Adult Education Quarterly,1994,44 (3):154-174.

[110]   TREMBLAY P E,GARDNER R C.Expanding the motivation construct in language learning[J].The Modern Language Journal,1995,79(4):505-520.

[111]   TWOMBLY S B. "Piropos" and friendships:Gender and culture clash in study abroad[J].Frontiers: The Interdisciplinary Journal of Study Abroad,1995(1):1-27.

[112]   UPSHUR J A.Four experiments on the relation between foreign language teaching and learning[J].Language Learning,1968,18(1-2):111-124.

[113]   WEST T O,MARLAND G.Net carbon flux from agriculture:Carbon emissions,carbon sequestration,crop yield,and land use change[J].Biogeochemistry,2003,63(1):73-83.

[114]   WHORF B.Language,Thought and Reality—Selected Writings of Benjamin Lee Whorf[M].Cambridge:The M.I.T. Press,1956.

[115]   WIDDOWSON H G.Aspects of Language Teaching[M].Oxford:Oxford

University Press,1990.

[116] WIGGLESWORTH G.An investigation of planning time and proficiency level on oral test discourse[J].Language Testing,1997,14(1):85-106.

[117] WILKSON S.Study abroad from the participants' perspective:A challenge to common beliefs[J].Foreign Language Annals,1998,31(1):23-36.

[118] WINDDOWSON H G.Knowledge of language and ability for use[J].Applied Linguistics,1990,10(2):128-137.

[119] YAGER K.Learning Spanish in Mexico:The effect of informal contact and student attitudes on language gain[J].Hispania,1998(81):898-913.

[120] YOUNG R.Conversation style in language proficiency interviews[J].Language Learning,1995,45(1):3-45.

[121] YOUNG R.Discontinuous interlanguage development and its implications for oral proficiency rating scales[J].Applied Language Learning,1995,6(1-2):13-26.

[122] YOUNG R,MILANOVIC N.Discourse variations in oral proficiency interviews[J].Studies in Second Language Acquisition,1992,14(4):403-424.

[123] 陈国明.跨文化交际学[M].上海:华东师范大学出版社,2009.

[124] 陈慧,车宏生.跨文化适应影响因素研究述评[J].心理科学进展,2003(6):704-710.

[125] 陈丽华,刘歆韵.对澳大利亚中国留学生的调查分析[J].武汉科技学院学报,2007(4):67-69.

[126] 程晓堂.任务型语言教学[M].北京:高等教育出版社,2004.

[127] 崔文娟.语言输出理论与任务型语言教学[J].四川教育学院学报,2007(11):64-65.

[128] 高一虹.生产性双语现象考察[J].外语教学与研究,1994(1):61-66.

[129] 高一虹."1+1=2"外语学习模式[M].北京:北京大学出版社,2001.

[130] 高一虹,赵媛,程英,等.中国大学本科生英语学习动机类型[J].现代外语,2003(1):28-38.

[131] 郭修敏.汉语作为第二语言的口语流利度的量化测评[D].北京:北京语言大

学,2005.

[132] 郭志刚.社会统计学方法[M].北京:中国人民大学出版社,1999.

[133] 贺平,唐洁.中国留学生在英国经历的文化冲击现象分析[J].四川师范学院学报(哲社版),2001(3):83-86.

[134] 李淑静,高一虹,钱岷.研究生英语学习动机类型与自我认同变化的关系[J].外国语言文学,2003(2):14-19.

[135] 刘丹凤."语言输出"的功能及教学策略[J].南宁师范高等专科学校学报,2008(12):72-73.

[136] 刘福生.浅论"语言输出"[J].西南民族大学学报,2004(2):363-364.

[137] 刘莉莎.中国海外留学生跨文化适应研究[D].沈阳:辽宁师范大学,2009.

[138] 卢仁顺."输出假设"研究对我国英语教学的启示[J].外语与外语教学,2002(4):34-37.

[139] 秦晓晴,文秋芳.非英语专业大学生学习动机的内在结构[J].外语教学与研究,2002(1):51-58.

[140] 秦晓晴.大学生外语学习归因倾向及其对归因现象的理解[J].现代外语,2002(1):71-78.

[141] 邱传伟.二语/外语学习动机调查研究报告[J].天津外国语学院学报,2005(2):57-61.

[142] 石永珍.大学生英语学习动机调查报告[J].国外外语教学,2000(4):10-13.

[143] 唐洁.在中国城市生活的外籍旅居者:生活状况、文化适应及社会互动研究[D].厦门:厦门大学,2008.

[144] 王荣英.语言输出中的内隐学习与内隐知识转化研究[J].四川外语学院学报,2008(7):127-131.

[145] 文秋芳.英语学习者动机、观念、策略的变化规律与特点[J].外语教学与研究,2001(2):105-110.

[146] 武和平.九十年代外语/二语学习动机研究述略[J].外语教学与研究,2001(2):116-121.

[147] 吴一安,刘润清,JERREY P.中国英语本科学生素质调查报告[J].外语教学与

研究,1993(1):26-29.

[148] 徐光兴.谈谈日本留学环境问题[J].出国与就业,1998(11):26.

[149] 杨梅.建构主义的学习观与二语习得中的语言输出[J].东莞理工学院学报,2009(8):76-79.

[150] 杨淑梅.调动学生自主性是加快输入到输出过程的关键[J].外语教学,2003(2):95-97.

[151] 张立军.文化差异对留学生的心理影响及对策研究[J].湖北社会科学,2004(4):67-68.

[152] 张婧.二语习得中平衡语言输入与语言输出的策略[J].辽宁工业大学学报,2008(1):105-108.

[153] 郑新民,王晓群.大学生对中外英语教师授课方式的评价所引发的课堂教学思考[J].中国外语, 2005(5):48-53.

[154] 郑新民.教师信念对英语课堂教学的影响[J].中小学外语教学,2004(5):6-10.

[155] 郑新民.社会文化学与英语教学[J].外国语,2005,83(1):21-24.

[156] 郑新民,蒋群英.大学英语教学改革中"教师信念"问题的研究[J].外语界,2005(6):16-22.

[157] 郑新民.多元化下的共识:亚洲英语教学发展的新动态、新趋势——北京Asia TEFL第3届年会述评[J].外国语, 2006(02):74-81.

[158] 周梅.论项目驱动下学生英语论文写作能力的培养[J].学位与研究生教育,2011(3):45-50.